구글, 넷플릭스처럼 일하는 방식

나를 잃지 않고 조직에서 성공하는 쓰리핏 전략

3FIT

ORGANIZATION　CULTURE　PERSONAL

쓰리핏

최경희 지음

비아북
ViaBook Publisher

서문

사람은 어떻게 조직 안에서 행복해질까?

사람에게 조직은 시작이고 과정이며 결과이고 끝이다. 사람은 가족이라는 작은 조직에서 태어나 나이가 들어가면서 규모와 특성이 다양한 조직에 속하게 되며, 그 조직에서 웃고 울며 경험하고 성장한다. 그러다 삶이 다하면 가족 품에서 생을 마치니 조직에서 벗어나고 싶어도 벗어날 수 없다. 조직에 순응하여 살거나 조직에 도전하며 살 수는 있으나 조직을 벗어날 수는 없는 것이다. 어차피 조직에서 살아야 한다면 나와 잘 맞는 조직을 선택하여 그 속에서 발전하다가 기회가 될 때 더 나은 조직으로 이직할 수도 있다. 이때 가장 중요하게 고려해야 할 점이 내가 선택하려는 조직과 나와의 적합성, 곧 핏Fit이다. 조직과 나의 핏이 맞으면 그 속에서 만족감과 성취감을 느끼며 발전할 수 있지만 그렇지 않을 땐 좌절을 맛본다.

이 책은 독자가 자신이 선택한 조직과의 핏을 최대한 이해하면서, 조직에서 만족을 느끼며 일하고 미래를 더 적극적으

로 준비할 수 있도록 안내한다. 이를 위해 핏에 기반하여 조직
의 특징, 조직 내 문화, 사람과의 관계에 대한 내용을 다음과
같이 구성했다.

1부 '핏의 위력'에서는 핏의 의미를 사례를 통해 이해하고,
조직과 개인적 관점에서 핏의 중요성을 생각해본다. 또한 첨단
과학기술의 발전에 따라 핏을 재정의해보고, 동적 핏Dynamic Fit
의 정의에 대해서 알아본다. 2부 '조직과 나의 이상적 핏'에서
는 조직의 속성, 형태, 구조, 수명 주기 등을 포함한 조직의 특
성을 살펴보고, 시대의 변화에 따른 새로운 조직의 형태와 나
에게 맞는 이상적인 조직 핏Organization Fit, 그리고 개인에게 조
직이 갖는 의미를 생각해본다. 3부 '조직문화와 나의 핏'에서
는 본격적으로 컬처 핏Culture Fit의 중요성에 대해 알아본다. 컬
처 핏이란 개인의 생활 방식, 커뮤니케이션 스타일, 업무 방식
이 조직문화와 맞는 정도를 말한다. 조직문화는 대인 관계 형
성과 업무 효율성에 큰 영향을 미치므로 조직의 위계적 문화,

수평적 문화, 창의적 문화 등 다양한 유형의 문화를 이해하고 자신에게 맞는 컬처 핏을 찾는 과정이 중요하다. 마지막으로 4부 '조직 속의 나로 존재하는 법'에서는 퍼스널 핏Personal-Fit을 알아본다. 퍼스널 핏은 조직 내 동료 및 상사와의 관계 형성, 그리고 자기 주도적 성장과 관련된 개념이다. 자신의 핏에 대한 이해는 업무와 대인 관계에서 자신감을 높이고 성장할 수 있는 토대가 된다. 이러한 이해를 바탕으로 4부에서는 자신의 정체성을 탐색해 조직 구성원과 긍정적인 관계를 맺고 함께 성장하는 방법을 찾아본다. 실제로 동료는 물론, 상사와의 관계에서도 나답게 일하는 퍼스널 핏을 알고 있는 것은 중요하다. 또한 조직과 내가 맞지 않는다고 느낄 때 소극적으로 대처하거나 회피하기보다 자신에 대해 철저히 분석하고 이해하면서 앞으로의 커리어 경로를 재설정하는 것이 핏을 찾는 이유다. 그렇게 자신의 핏을 꾸준히 점검하고 발전시켜가면 조직에서 더 만족하고 성장하며 목표를 성취할 수 있을 것이다.

이 책을 통해 조직과 우리 사회의 미래인 청년들이 각자에게 맞는 핏을 찾아가면서 자신이 추구하는 가치와 철학을 잃지 않고 성장하기를 바란다. 또한 조직의 관리자나 리더는 청년세대의 기질과 그들이 추구하는 이상을 이해하고 그들만의 핏을 찾아주는 안내자가 되어 조직의 지속적인 발전을 함께 이어가길 바란다.

2025년 12월
최경희

차례

THE POWER OF FIT

나를 잃지 않고
조직에서
성공하는
쓰리핏 전략

1부 ≫

핏의 위력

"여러분은 자신과 맞는 조직에서
자신의 강점을 최대한 발휘하고 있는가?"

1장

'핏'이란
무엇인가?

핏은 왜 중요한가

하버드 경영대학원의 에이미 에드먼슨Amy Edmondson 교수는 『두려움 없는 조직』, 『옳은 실패』 등의 저서로 우리에게 잘 알려져 있다. 에드먼슨 교수는 '심리적 안전Psychological Safety'이라는 개념을 통해 개인과 조직 간의 '적합성'이 성공적인 조직문화를 형성하는 데 중요한 역할을 한다고 강조했다. 여기서 적합성, 즉 '핏'은 개인이 조직에 단순히 적응하는 데 머무르지 않고 조직문화에 적극적으로 참여하여 지속적으로 성장할 수 있게 하는 기반을 의미한다.

넷플릭스는 직원 개인에게 자율성을 부여하되 동시에 책임을 중시하는 조직문화로 잘 알려져 있는데, 이러한 문화는 개인과 조직 간의 핏을 높여 우수한 경영 성과로 이어지고 있다.

넷플릭스는 채용 과정에서 개인이 조직의 문화와 얼마나 잘 맞는지를 철저히 검토하며, 채용 후에도 개인의 성장 방향이 조직의 비전과 조화를 이루는지 점검하면서 서로 핏을 높이려는 노력을 기울인다. 이러한 채용과 관리 방식은 조직 내에서 직원의 만족도를 높이며 넷플릭스의 혁신을 이끌고 있다고 평가된다. 넷플릭스를 비롯해 많은 사례에서 조직과 구성원 사이의 핏이 잘 맞을 때 놀라운 성과가 창출됨을 볼 수 있다.

여러분도 자신과 맞는 조직에서 자신의 강점을 최대한 발휘하고 싶은가? 그렇다면 조직과 나 사이의 핏을 확인할 필요가 있다. 핏이 정확히 무슨 의미인지, 왜 핏을 알아야 하는지 생각해보자.

핏의 정의

핏의 의미를 정확히 이해하기 위해 우선 사전적 의미를 보자. 핏은 동사, 형용사, 명사로 쓰이며, 형태가 같다. 동사로는 '일치하다', '적합하다'라는 뜻이 있는데, 특정 목적이나 상황에 적합하거나 잘 들어맞는 것을 의미한다. "The key fits the lock perfectly."라는 문장을 보면, 열쇠가 자물쇠에 딱 맞는다고 표현하기 위해 동사 fit이 사용되었다. 동사 fit은 특정 요구 사항이나 상황에 맞춘다는 의미로도 쓰인다.

형용사로는 '적합한', '알맞은'의 뜻이다. 사람이나 어떤 상황 혹은 조건에 잘 어울리거나 적합하다는 의미로 사용된다. "She is a fit candidate for the position."이라는 문장을 보면 특정 직책에 '적합한' 후보자라고 표현하기 위해 fit이 사용되었다. 신체적으로 건강하고 좋은 상태를 일컬을 때는 'physically fit'이라고 표현한다. "He stays fit by exercising."이라는 예문에서 보듯이, 운동하여 건강한 상태에 있다고 표현할 때도 fit을 사용한다.

명사로는 옷이나 신발 등이 몸에 딱 맞는 상태를 의미한다. "This shirt is a good fit."이라고 하면 셔츠가 몸에 '잘 맞는' 상태라는 말이다. 이처럼 핏은 상황이나 문맥에 따라 조금씩 다르게 해석될 수 있지만 '어떤 대상이나 상황에 적합하고 잘 맞는다'는 의미로 갈음할 수 있다.

심리학, 경영학, 조직사회학 등에는 개인의 가치나 목표가 어떤 조직의 구조나 문화와 얼마나 잘 맞는지를 연구하는 영역이 있다. 개인과 환경의 적합성Person-Environment Fit, 조직 적합성 Organization Fit, 문화 적합성Culture Fit, 전략 적합성Strategic Fit 등의 연구에서 사용되는 핏은 개인의 관심, 가치, 능력 등이 조직의 특정한 기준이나 환경에 얼마나 적합한지를 나타내는 개념이다.[1] 대부분의 연구에서 핏은 적합성의 의미로 사용되지만 가끔은 부합match, 일치congruence, 유사similarity 같은 용어와 혼동되거나 혼용되기도 한다.

핏, 곧 적합성에 관한 연구에는 개인과 개인이 속한 조직 혹은 다양한 환경 간에 서로 적합하거나 적합하지 않은 정도가 존재하며, 이러한 핏의 정도가 개인과 조직에 영향을 끼칠 것이라는 기본 전제가 깔려 있다. 또한 핏은 조직 연구와 경영 전략에서 다루는 상황적 혹은 맥락적 관점에서 도출된 개념으로, 경영 환경과 조직 구조, 경영 환경과 전략, 전략과 조직 구조 사이의 핏을 다룬 연구가 많다.

기업이 구성원에게 원하는 핏의 주요 요소로는 목표, 가치, 문화 등을 들 수 있다. 기업 대부분은 핵심 가치와 문화를 중심으로 지원자를 평가한다.[2] 따라서 구직자라면 자신의 가치와 성향이 일치하는 기업을 찾는 것이 중요하다. 예를 들어, 스타벅스는 고객 서비스와 혁신적 사고를 중시하므로 고객 지향적이고 창의적인 인재를 찾는다. 이러한 스타벅스의 가치와 나의 가치 사이의 핏이 높다고 생각되면 적극 준비하여 지원할 수 있다.

요점 정리 ● ● ●

• 핏은 개인의 관심, 가치, 능력 등이 조직의 특정한 기준이나 환경에 얼마나 적합하거나 잘 맞는지를 의미하는 개념이다.

• 지원자는 기업과 자신의 성향과 가치가 일치하는지 핏을 미리 점검해볼 필요가 있다.

2장

왜 핏을
찾아야 하는가?

조직과 개인의 핏

나와 조직의 핏은 서로의 성공과 성장을 결정짓는 핵심 요소다. 핏의 정도에 따라 내 성향과 목표를 바탕으로 조직의 업무에 만족하고 조직 발전에 기여할 수 있는지를 파악할 수 있다. 나와 조직 사이 핏의 관계가 높을수록 상호 작용이 커지고 조직에 대한 만족도와 업무의 성과를 높일 수 있으므로, 핏은 자신이 속한 조직 내에서 더 큰 성과를 내고 성장하게 하는 필수 조건이라 할 수 있다. 핏이 중요한 이유를 크게 조직과 개인의 두 축에서 생각해보자.

조직의 관점에서: 협력과 효율성

조직의 관점에서 핏은 업무의 효율성과 협력의 극대화를 의미한다. 조직은 구성원들이 공통된 목표 아래 협력하며 성과를 달성하는 시스템이다. 구성원이 조직의 문화와 가치에 적합할 때, 원활한 커뮤니케이션과 신속한 의사 결정이 이루어질 수 있다. 목표를 달성하기 위해서는 구성원의 협력과 효율성이 필수적인데, 이때 핏은 조직의 성과를 결정짓는 핵심 요소로 작용한다. 조직과 핏이 맞는 구성원은 조직문화와 업무 처리 방식에 잘 어울려서 생산성을 높이고 갈등을 줄인다.

넷플릭스가 직원과 조직의 문화 적합성(컬처 핏)을 강조하며 핏을 채용과 관리 시스템의 주요한 요소로 삼는 이유도 이 때문이다. 넷플릭스는 자유와 책임이라는 조직의 핵심 가치를 공유할 수 있는 직원을 선호하고, 이러한 조직문화에 맞지 않는 직원은 팀워크를 저해할 수 있으므로 신속히 결별한다고 알려져 있다. 조직문화와 맞는 직원들끼리 일함으로써 조직과의 핏이 낮은 사람에 의해 발생하는 조직 내 갈등을 단기간에 최소화하고, 구성원 간 시너지 효율성을 높여 공동의 목표 달성을 원활하게 하는 것이다.

개인의 관점에서: 성장과 만족

　한편 개인에게 핏은 조직 내에서 자신의 능력을 실현하고 성장할 기회를 얻는 데 중요한 역할을 한다. 조직과 핏이 맞을 때 개인은 업무에서 동기를 부여받고 직무 만족도가 상승하며 자기 계발에 대한 의욕이 커진다. 업무 만족도가 높아지면 스트레스와 조직 부적응으로 인한 소진(번아웃)이 예방될 뿐 아니라, 조직 내 신뢰와 소속감을 통해 업무 몰입도가 높아진다. 나아가 자기 계발을 통해 역량을 발휘함으로써 커리어가 성장할 가능성도 커진다.

　핀테크 기업 토스Toss는 개인의 핏을 고려한 유연한 업무 환경과 수평적 조직문화로 구성원들이 각자의 아이디어를 자유롭게 제안하고 실행할 수 있도록 지원하고 있다. 그 결과 신입 직원도 적극적으로 아이디어와 해결책을 제시하며, 조직과 개인 모두의 성장이 촉진되는 사례를 보여주고 있다. 그러나 조직과 핏이 맞지 않으면 스트레스와 번아웃을 경험하고 조직 내 성과가 떨어지면서 결국 조직을 떠나게 된다.

사례 1

💬 내 안의 핏을 찾아 새로이 길을 떠난 청년 교사

　김은혜(가명)는 매사에 성실한 청년이다. 초중고 학업 성적도 우수했다. 어머니가 초등학교 교사였고 교사에 대한 사회의 인식도 좋은 편이라 별 고민 없이 서울에 있는 교육대학교에 입학하여 4년간 우수한 성적을 유지했다. 교육 실습 기간에도 직업인으로서 교사가 좋아 보였고, 아이들도 모두 예뻐 보였다.

그러나 임용 시험에 합격하여 교사가 된 이후, 전혀 예상하지 못했던 일들이 학교 현장에서 발생했다. 수업 준비를 잘해서 학생들을 가르치고 사랑으로 지도하는 일은 교사 업무의 일부분일 뿐이었다. 학부모와의 관계, 관료적 특성이 강한 학교의 조직 구조, 교육청과 학교의 상하 관계에서 밀려오는 업무 스트레스로 편한 날이 없었다.

비교적 내향적이고 관계 속에서 스트레스를 받는 성격이었던 김은혜는 학교 조직 생활이 자신과 정말 맞지 않음을 느꼈다. 고민을 거듭하다 결국 임명된 지 1년 반 만에 후회 없이 사표를 내고 학교를 떠났다. 그리고 바로 반수를 택하여 이듬해 일반 대학교에 입학했다.

지속가능한 발전을 위해서는 핏이 절대적이다

사례 1 의 김은혜 씨가 만약 교육대학교에 입학하기 전부터 나와 조직, 나와 직무 간의 핏을 좀 더 생각해보았다면 학교라는 조직에서 심한 상처를 받을 필요도 없었고 시간 낭비도 없었을 것이다. 핏은 개인과 조직 모두의 성공에 필수적인 요소다. 조직은 목표 달성을 위해 구성원 간 협력과 조화가 필요하고, 개인은 직장에서 만족감을 얻고 성장하기를 원한다. 청년들은 자신의 가치관과 역량에 맞는 조직을 찾는 데 적극적이어야 하며, 조직의 측면에서도 핏을 고려한 채용과 관리가 지속 가능한 발전의 열쇠임을 인식할 필요가 있다.

그렇다면 어떻게 나만의 핏을 찾아 준비할까? 핏을 발견하기 위해서는 자신의 가치관과 우선순위를 이해하는 것이 먼저다. 그리고 조직 생활에서 자기만의 일과 자리를 찾는 문제에 대해 지속적으로 관심을 두고 학습해야 한다. 특히 성찰과 탐색을 통해 조직의 기대와 문화를 이해하고, 자신이 어떤 환경에서 성과를 내는지 명확히 분석해볼 필요가 있다. 자신에게 맞는 조직을 찾기 위해 끊임없이 질문하고 판단하는 역량을 계발하자. 평소에 이런 것을 생각해보고 준비한다면 나만의 핏을 찾는 데 도움이 될 것이다.

미국의 조직심리학자 에드거 샤인Edgar. Schein이 말한 '경력 닻Career Anchors'은 '직업 지향성' 또는 '경력 고정점'으로 해석할 수 있다. 이 개념은 개인이 직업을 선택할 때 무엇에 우선순위를 두고 어떤 분야에서 만족을 느끼는지를 설명한다. '경력 닻' 설문지는 자신의 경력에서 가장 중요한 가치와 동기를 파악하는 데 도움이 되는 도구로서, 조직에서 일하는 방식과 업무 선택에서 중요한 기준이 되는 8가지 경력 닻을 제시한다. 설문을 통해 개인의 경력 목표와 가치에 대한 이해를 돕고, 자신에게 가장 적합한 직업 방향을 찾는 데 도움을 준다.

기준	특성
기술적/기능적 역량	특정 기술에 대한 전문성 추구
일반 관리 역량	리더십과 의사 결정 능력 발휘
자율성/독립성	스스로의 방식대로 일할 자유 추구
안정성	안정적이고 예측 가능한 직업 또는 조직
기업가적 창의성	새로운 사업이나 창의적 프로젝트 시작
봉사/헌신	사회적 기여나 봉사에 중심
도전	끊임없이 새로운 문제 해결
라이프스타일	일과 삶의 균형 추구

≪ 경력 닻의 기준과 특성

경력 닻 설문지에 제시된 문항의 예는 다음과 같다.

• 내가 조직에서 가장 중요하게 여기는 것은 내 기술을 발휘할 기회
 다. [Y | N]
• 나는 업무에서 자율성과 독립성을 가장 중요하게 생각한다. [Y | N]
• 안정성과 보장이 나에게 가장 중요한 경력 목표다. [Y | N]

이 설문지는 스스로 점수를 매겨 유형을 확인하는 형식이
며, 각 문항에서 자신의 동기에 관해 우선순위를 매기도록 설
계되어 있다. '경력 닻 재해석Career Anchors Reimagined' 홈페이지
(careeranchorsonline.com)에서 설문을 통해 나의 직업적, 조직적
성향과 방향을 탐색하고 관련 출판물도 찾아볼 수 있다.

청년에게 '핏' 개념이 중요한 이유는, 핏이 조직에서 적응하
고 성장하는 데 핵심적 기반이 되기 때문이다. 취업을 준비하

는 청년은 자신이 어떤 환경에서 최선의 성과를 낼 수 있는지 이해하고 조직의 문화를 파악하려는 노력을 기울여야 한다. 현재 재직 중인 청년은 조직의 목표와 가치에 맞게 자신의 역할을 어떻게 조율할지 고민하며 재정의할 필요가 있다. 이러한 노력을 통해 조직에서 중요한 구성원이 될 수 있으며, 조직 또한 지속 발전의 가능성을 확보할 수 있다.

요점 정리 • • •

• 핏은 자신이 속한 조직 내에서 더 큰 성과를 내고 더 크게 성장하도록 돕는 필수 조건이라 할 수 있다. 나만의 핏을 발견하기 위해서는 자신의 가치관과 우선순위를 이해하는 것이 먼저다.

3장

변화하는
현대 조직과 핏

핏도 변화한다

핏은 현대 조직에서 단순히 적합성이나 맞춤형 개념을 넘어, 개인과 조직의 융합과 성장에 중요한 가치로 자리 잡고 있다. 현대의 조직은 구조, 근무 형태, 업무와 생산 방식 등 조직 전반에 걸쳐 급격한 변화를 겪고 있다. 새로운 과학기술의 등장과 전환, 원격근무의 확산, 자동화 설비의 증가 등은 기존과는 다른 조직 형태와 분위기를 만들어낸다. 이러한 변화 속에서 개인과 조직이 조화롭게 상호 작용하고 함께 성장하도록 돕는 새로운 핏의 개념은 그 어느 때보다 중요해졌으며, 앞으로도 개인과 조직 사이에서 더욱 다양한 역할을 하게 될 것이다.

정보기술Information Technology; IT 발전에 따른 디지털 전환Digital Transformation은 조직의 운영 방식과 문화에 새로운 방향을 제시했다. 이에 따라 핏도 더 동적이고 다차원적인 개념으로 재정의되고 있다. IT와 디지털 기술의 발전은 핏의 개념을 역동적으로 변화시켰다. 이제 핏은 지속적인 학습과 변화를 수용하는 능력을 뜻한다. 조직과 구성원 모두 변화의 속도에 맞춰 자신을 업데이트하며 지속적으로 핏을 조율하는 시대가 온 것이다.

IT 발전 이전에는 조직 구조가 수직적이고 정형화되어 있었지만, 현재는 더 민첩하고 유연한 협업 방식으로 전환되었다. 이러한 기술 변화는 조직과 개인 모두에게 새로운 형태의 적응 방식을 요구한다. 특히 디지털 전환은 기업문화 영역에서도 핏의 개념을 재해석하게 했으며, 이에 따라 기술 친화적 문화Techno-Cultural Fit와 혁신 수용성Innovation Adaptability이 더욱 중요해졌다. 예를 들어, 업무 시간의 20퍼센트를 혁신적 프로젝트에 사용하게 하는 구글의 '20퍼센트 프로젝트' 같은 문화는 직원의 디지털 적응성을 높이기 위한 정책이다.

또한 기술의 발전에 따라 조직과 기술 간 적합성Technological Fit이 강조되고 있는데, 이는 디지털 전환으로 인해 조직의 목표와 기술 인프라 사이의 연계가 중요해졌기 때문이다. 인공지능AI, 클라우드 컴퓨팅, 빅데이터 분석 등 혁신 기술이 채택되면서 조직의 업무 수행 방식과 구조가 변하는 것은 자연스럽다. 그리고 기술과 관련하여 조직과 사람 간 적합성Human-Technology Fit의 중요성도 주목받고 있다. 디지털 전환에 따라 개인의 기술 역량과 디지털 친화도가 조직 내 성공의 핵심 요소로 부상하고 있기 때문이다. 실제로 마이크로소프트MS는 AI

와의 협업 능력, 기술 도구 활용 능력 향상을 위해 관련된 기술 교육을 제공하면서 디지털 핏을 강화하고 있다.

원격, 하이브리드 근무에 따른 핏의 개념 변화

한편, 팬데믹을 거치며 확대된 원격근무는 조직문화와 개인의 관계를 더욱 새롭게 설정했다. 원격 환경에서도 조직의 가치를 전달하고 구성원이 이를 내면화하도록 해야 하는 새로운 도전이 나타난 것이다. 이미지를 포스팅하고 공유하는 미국의 소셜 네트워크 서비스 기업인 핀터레스트Pinterest는 팬데믹 동안 원격근무로 전환하면서 조직문화를 재정의했다. 직원들의 협업과 연결성을 유지하기 위해 온라인 상호 작용을 강화하고, 디지털 공간에서 조직의 정체성을 새로이 구축한 것이다. 이런 맥락에서 원격 환경의 핏은 물리적 연결보다 심리적, 문화적 적합성을 중심으로 형성된다. 특히 원격 환경에서는 관계 구축과 동기부여 문제를 어떻게 해결할 것인지, 어떻게 온라인에서 조직의 가치를 전달하고 개인이 이를 내면화하도록 할 것인지 등이 중요한 과제로 떠올랐다.

이제는 사무실 근무와 원격근무가 조합된 하이브리드 근무가 뉴노멀New Normal로 정착하면서, 하이브리드 환경에서의 적합성Fit in Hybrid Workplaces 개념이 나타났다. 원격과 하이브리드 근무 모델은 무엇보다 개인의 유연한 자기 관리 능력과 구성원 간 비대면 협업 역량을 중시한다. 그동안 물리적 환경에서 적용되었던 핏 개념에서 벗어나 가상 환경에서도 조화롭게 적응할 것을 요구한다. 클라우드 기반의 팀 협업 도구인 슬랙Slack과 원격 회의, 통합 커뮤니케이션 서비스 플랫폼인 줌Zoom 같은 도구는 원격 혹은 하이브리드 환경에서 팀 협업과 커뮤니케이션 핏을 높이는 데 이바지했다.

원격이나 하이브리드 근무 방식에서 주목할 만한 핏의 개념으로는 가상 핏, 하이브리드 핏, 워라 핏을 생각해볼 수 있다.

• 가상 핏Virtual Fit

가상 핏은 원격 환경에서 조직과 개인이 기술, 커뮤니케이션, 새로운 업무 처리 방식에 적응하고 조화를 이루는 적합성을 말한다. 가상 핏은 디지털 툴과 플랫폼, 온라인 커뮤니케이션 기술, 원격 협업 능력을 포함하는데, 이를 위해서는 디지털 공간에서의 상호 작용 강화, 신뢰 형성이 필요하며 팀워크와 몰입도 유지가 관건이다. 무료 깃Git 저장소인 깃랩GitLab은 100퍼센트 원격근무 체제를 운영하는 오픈소스 저장소 솔루션 회사다. 깃랩은 직원들이 가상 환경에서 업무를 원활히 수행할 수 있도록 상세한 프로세스와 협업 도구를 제공한다. 이러한 협업 도구를 통해 팀과 조직의 연결성을 높이고 비대면 환경에서의 문화적 통합을 유지한다.

• **하이브리드 핏**Hybrid Fit

　이는 하이브리드 근무 환경에서 사무실과 원격근무의 장점을 조화롭게 활용하며, 물리적 환경과 디지털 환경 간 적응을 강조하는 적합성이다. 업무 형태에 따라 공간 활용과 협업 방식의 균형을 유지하며, 개인의 업무 선호도와 조직의 요구를 모두 충족해야 한다. 고객 서비스를 포함한 종합 마케팅 솔루션을 제공하는 플랫폼인 허브스팟HubSpot은 직원들이 원격과 사무실 근무를 자유롭게 선택할 수 있도록 하고, 양쪽 환경에 동등한 경험을 제공하기 위해 투자하고 있다. 드롭박스Dropbox는 원격근무 우선Virtual First 정책을 도입하여 원격근무를 기본으로 하되, 협업이 필요한 경우에만 사무실을 사용하는 근무 방식을 시행하고 있다.

• **워라 핏**Work-Life Fit

　워라 핏은 업무와 개인 생활 간 경계를 조율하여 직원들의 웰빙과 생산성을 함께 지원하는 적합성이다. 워라 핏의 핵심은 비대면 근무로 인해 업무 시간이 확장되지 않도록 균형을 유지하는 것이다. 고객관계관리CRM 소프트웨어 기업인 세일즈포스Salesforce는 하이브리드 근무 모델을 채택하면서 직원들에게 시간과 장소 선택의 유연성을 제공해 업무와 개인 생활의 조화를 도모하게 했다. 전사적 자원관리ERP 시스템을 생산하는 글로벌 기업 SAP는 직원의 디지털 웰빙을 강조하고 건강과 휴식을 위한 지원 프로그램을 제공하고 있다.

이처럼 원격, 하이브리드 근무 환경에서는 기술과 소통 방식에 빠르게 적응하는 디지털 역량이 요구되므로 기업은 조직문화와 기술 인프라를 통해 가상 핏과 하이브리드 핏을 지원하고 있다. 워라 핏을 위해 업무와 삶의 균형을 유지할 수 있는 개인화된 지원과 정책을 마련하는 것도 중요하다. 또 조직의 각 구성원은 이러한 환경에 적합한 유연한 업무 습관을 기르고, 업무 수행의 연속성을 위해 구성원을 이어주는 협업 툴을 활용하는 능력을 계발할 필요가 있다. 앞으로 AI와 원격, 하이브리드 근무가 함께 발전하면서 조직과 개인 간 핏 개념이 더 다층적이고 정교하게 진화할 것이다.

AI 발전과 함께 중요해진 '동적 핏'

AI의 발전은 조직과 구성원 간 역할과 관계를 재정립하며 핏의 의미를 확장하고 있다. AI 기술은 데이터를 기반으로 한 예측과 자동화를 통해 업무 효율성을 높이는 동시에 사람이 해왔던 역할의 변화를 수반한다. 시간이 지날수록 AI와 협업하는 조직 환경으로 변화하기 때문에 개인은 지속적으로 학습하고 적응하기 위해 노력해야 한다. 아마존Amazon은 웹서비스 플랫폼을 포함한 대부분의 섹터에 AI를 도입하면서 전 직원에게 새로운 기술과 데이터를 활용할 수 있는 교육 프로그램을 제공하여 AI와 사람 간의 동적 핏을 실현하고 있다.

AI 시대의 동적 핏은 인간과 AI의 상호 작용으로 나타난다. AI가 사람의 업무를 보조하거나 대체하면서 사람과 AI 간 협업 방식이 더욱 다양해지고 그 중요성이 커졌다. 동적 핏은 이러한 협업 관계에서 개인과 조직이 얼마나 빠르게 새로운 기술을 학습하고 통합할 수 있는지를 반영한다. 예를 들어 고객 서비스에서 챗봇과 사람이 협력하는 방식은 AI의 강점인 빠른 처리와 사람의 강점인 감정적 공감을 결합한 것이다. AI 도입으로 단순 업무는 자동화되고, 사람은 창의적이고 전략적인 역할에 집중하게 되었다. 이에 따라 동적 핏에서 개인의 학습 능력과 창의적 역량이 중요한 요소로 부상하고 있다. 이러한 변화는 제조업에서 AI 로봇이 생산 라인을 운영하는 동안, 사람이 설계와 유지 보수 같은 고차원적인 작업에 집중하고 있는 현상에서 알 수 있다.

동적 핏은 의료, 교육, 금융 등 다양한 분야에서 부각되고 있다. 의료 분야에서 AI는 진단, 치료 계획, 데이터 분석에서 핵심적인 역할을 수행한다. 이에 따라 의료진은 AI와 협력하여 더 나은 치료를 제공하기 위해 데이터 해석 및 디지털 도구 사용 능력을 개발하고 있다. 실제로 IBM의 왓슨헬스Watson Health팀은 의학 데이터를 분석하고 의사에게 치료 옵션을 제안하는 역할을 수행했다. 교육 분야에서는 AI 기반의 맞춤형 학습 플랫폼이 학습자 개개인의 속도와 스타일에 맞는 교육을 가능하게 한다. 예를 들어 AI 학습 플랫폼인 듀오링고Duolingo

는 개인의 어학 학습 패턴을 분석하여 맞춤형 학습 경로를 제공한다. 금융 분야의 전문가에게는 AI 기반 리스크 분석 및 자동화된 투자 시스템을 활용하여 빅데이터를 해석하고 더 나은 결정을 내리는 능력이 곧 핏이라고 할 수 있다. 이 분야에서는 AI 기반 핀테크 로보어드바이저 플랫폼인 웰스프론트 Wealthfront가 사용자 데이터를 활용해 맞춤형 자산 관리와 투자 조언을 제공하고 있다.

이처럼 AI 시대의 핏은 단순히 기술적 적합성을 넘어서 지속적인 학습, 사람과 기계 간의 협력, 조직과 개인 간의 적응을 포함하는 포괄적인 개념으로 확장된다. 이에 따라 동적 핏의 중요성은 더욱 부각되고 있으며, 개인과 조직 모두 지속적인 변화에 대응해야 한다. AI가 주도하는 미래 조직은 동적 핏을 통해 사람, 기술, 프로세스를 조화롭게 연결하는 것이 그 성공의 열쇠가 될 것이다.

요점 정리 • • •

• 현대 조직에서는 기술 변화에 따른 개인과 조직 간의 동적 핏이 중요하다. 특히 AI 시대의 핏은 단순히 기술적 적합성을 넘어 지속적인 학습, 사람과 기계 간의 협력, 조직과 개인 간의 적응을 포괄하는 개념이다.

▶ 나의 핏 인식 수준 진단하기

"나는 지금 나와 조직의 핏을 얼마나 이해하고 있을까?"

각 문항이 현재 나와 조직의 핏을 설명하는 수준을 점수로 표시해주세요.
(1점: 전혀 그렇지 않다, 2점: 그렇지 않다, 3점: 보통이다, 4점: 그렇다, 5점: 매우 그렇다)

1 나는 현재 조직에서 내가 중요하게 여기는 가치(예: 성장, 안정, 자율성 등)를 실현하고 있다. | 5

2 출근할 때 '오늘도 의미 있는 하루가 될 것'이라는 기대감을 느낀다. | 5

3 내 강점과 현재 맡고 있는 업무의 내용이 잘 맞는다고 느낀다. | 5

4 조직의 방향성(비전, 목표)과 내가 추구하는 커리어 목표가 일치한다. | 5

5 현재 조직에서 3년 후의 나를 긍정적으로 그릴 수 있다. | 5

6 동료들과 함께 일할 때 자연스럽고 편안함을 느낀다. | 5

7 내 의견과 아이디어가 조직에서 존중받고 있으며 반영된다고 느낀다. | 5

8 업무를 하면서 '내가 제대로 된 곳에 있다'는 확신이 든다. | 5

9 조직 생활에서 느끼는 스트레스보다 보람과 만족감이 더 크다.

| 5 |

10 이 조직을 다른 사람에게 자신 있게 추천할 수 있다.

| 5 |

| 결과 해석 | 총점 = 10개 문항 점수의 합계(10~50점)

40~50점 ▶ **높은 핏 인식 수준**

축하합니다! 당신은 현재 조직과의 핏을 명확히 인식하고 있으며, 실제로도 잘 맞는 환경에서 일하고 있을 가능성이 높습니다. 이 책을 통해 현재의 핏을 더욱 강화하고, 변화하는 환경 속에서도 이를 유지하는 방법을 발견하세요.

30~39점 ▶ **중간 핏 인식 수준**

당신은 조직과의 관계에서 긍정적인 면과 개선이 필요한 면을 모두 경험하고 있습니다. 아직 자신과 조직의 핏을 명확히 파악하지 못했거나, 일부 영역에서 미스핏을 느끼고 있을 수 있습니다. 이 책이 당신의 핏을 찾고 최적화하는 구체적인 가이드가 될 것입니다.

10~29점 ▶ **낮은 핏 인식 수준**

현재 조직과의 관계에서 상당한 미스핏을 경험하고 있거나, 자신과 조직에 대한 이해가 부족한 상태입니다. 지금이 바로 변화를 시작할 적기입니다. 이 책을 통해 당신만의 핏을 발견하고, 조직에서 성공하는 방식을 찾아가세요. 2부에서부터 제시되는 구체적인 내용과 사례, 그리고 진단 도구들이 큰 도움이 될 것입니다.

Tip 점수가 낮다고 해서 좌절할 필요는 없습니다. 자신의 현 상태를 정직하게 인식한 것 자체가 핏을 찾아가는 첫걸음이 됩니다!

ORGANIZATION

FIT

나를 잃지 않고
조직에서
성공하는
쓰리핏 전략

2부 ≫ 조직과
나의
이상적 핏

"나는 어떤 조직에서 만족감을 느끼며
성공할 수 있을까?"

1장

조직이란 무엇인가?

조직의 정의

김홍도의 「길쌈」은 여성들이 길쌈하는 장면을 생생하게 그린 작품이다. 베틀을 이용해서 옷감을 짤 때 세로로 놓인 실을 날줄, 가로로 놓인 실을 씨줄이라고 한다. 날줄과 씨줄을 촘촘히 엮어서 베를 짠다. 거미가 거미줄을 칠 때도 비슷한 모습을 볼 수 있다. 이렇게 실을 짜서 길쌈하는 것을 조직(組織)이라고 하는데, '단체를 조직하다', '정치 조직', '조직 형태' 등을 언급할 때의 '조직'도 같은 의미다. 즉, 끈을 이리저리 얽거나 짜서 특정한 형태를 만들어낸 것을 조직이라고 한다. 한자의 의미를 포함하여 사회에서 통용되는 조직의 의미를 간단히 정의하면, 조직이란 '두 명 이상이 모여 공동의 목표를 향해 노력하고 실천하는 집단'이라 할 수 있다.

사람은 가족이라는 조직에서 삶을 시작하여 성장하면서 병원, 어린이집, 학교, 직장, 동호회, 비영리 협회, 자치단체, 국가에 이르기까지 그 목적, 기능, 규모가 매우 다양한 조직을 만나게 된다. 요즘은 물리적 경계와 시간적 제한을 넘어 사이버 공간에서 만들어진 네트워크, 플랫폼, 온라인 매장 등도 우리 삶에 영향을 미치는 중요한 조직으로 자리 잡고 있다.

하버드 경영대학원 연구에 따르면, 개인과 조직의 가치를 일치시키는 것이 조직에서의 성공과 행복의 열쇠라고 한다. 어렵게 원하던 조직에 입사했지만 적응하지 못하여 곧 이직하거나 조직에 속해 있지만 늘 불만이 가득하다면, 자신뿐 아니라 다른 구성원까지도 힘들게 된다. 이런 불행한 일을 피하기 위해서는 자신이 선택할 조직의 특성과 자신과의 핏에 대해 알아보고 판단할 필요가 있다.

조직과 구성원은 같은 목표로 함께 움직이므로 핏이 서로 맞다면 안정감을 느끼며 일을 효율적으로 수행할 수 있을 것이다. 따라서 조직의 속성, 형태, 구조, 수명 주기 등을 포함한 조직의 특성을 살펴보고, 자신과 조직의 핏을 찾는 방법에 대해서도 탐색해보자.

조직의 역할은 규모와 목적에 따라 다르다

사람이 조직과 떨어져서 살아갈 수 없는 이유는 사회적 존재이기 때문이다. 몸과 마음이 건강한 사회적 존재로 살아가기 위해서는 지속적으로 배우고, 아플 땐 병원에 가며, 카페에 들러 친구도 만나고, 여행사나 플랫폼을 통해 항공권을 사고 호텔도 예약해야 하는데 이 모든 과정은 조직을 통해 이루어진다. 사람은 여러 상황과 목적에 따라 끊임없이 조직을 이용하고 교류하며, 필요하면 직접 조직을 만들거나 없애기도 한다. 특정 목적에 따라 구성원이 모이면 구성원 간 약속을 하고 규칙을 만들고 협약도 맺으면서 조직을 운영한다. 더 나아가 다른 조직과 협력하여 더 큰 조직을 만들기도 한다. 사회적 존재인 사람은 자신의 목표나 의도에 따라 자발적으로 어떤 조직에 속하여 그 조직의 특성을 이해하고 규율을 지키며 조직을 발전시키기도 하지만, 어느 순간 의도와 무관하게 조직이 사라지는 상황을 겪기도 한다.

조직은 규모와 형태에 따라 다양하게 분류된다. 두세 명이 구성원인 가족 가게나 마음 맞는 소수의 인원으로 이루어진 스타트업부터 삼성전자, 현대자동차, 구글, 코카콜라, P&G와 같은 다국적 기업에 이르기까지 규모도 다양하고, 생산, 관리, 서비스 등 업종도 천차만별이다. 하지만 모든 기업은 체계적인 조직 구조를 통해 외부 환경의 변화를 적극적으로 분석하고 대응하며, 인재를 채용하고 끊임없이 효율성을 평가하면서 지속 가능한 조직의 발전을 추구한다.

조직을 목적에 따라 비영리 조직과 영리 조직으로 나누기도 한다. 비영리 조직은 사회와 인류의 발전과 안전에 이바지하는 데 목적이 있다. 굿네이버스, 세이브더칠드런, 구세군, 그린피스 등 국내외에 다양한 비영리 조직이 존재한다. 이들은 주로 정부나 기업 혹은 개인의 기부금으로 운영된다. 활동을 지속하기 위해서는 꾸준히 기금과 후원자를 확보해야 하고, 때로는 비영리 조직끼리 경쟁하기도 한다. 비영리 조직을 제외한 대부분의 조직은 영리 조직이라 할 수 있다. 영리 조직은 체계적인 구조를 바탕으로 자원과 자금을 투입해 소비자가 원하는 상품을 만들고 서비스를 개발하며 매출을 올려 이윤을 추구한다.

규모가 크든 작든, 비영리 조직이든 영리 조직이든, 어떤 기능을 수행하든 모든 조직은 다양한 이해 당사자를 관리하고 조율하며 성장하기 위해 노력한다. 사례 2 에서 보듯 수십만 명의 구성원과 수백 개의 하위 조직을 둔 다국적 기업은 세계인의 건강에 영향을 미치고, 가게 운영을 통한 부부의 수입은 한 가정의 생계를 책임진다. 이처럼 조직의 규모와 목적에 따른 역할은 매우 다양하다.

사례 2

💬 존슨앤드존슨과 2인 편의점으로 보는 조직 규모와 목적의 대비

존슨앤드존슨Johnson & Johnson은 1886년 로버트 우드 존슨Robert Wood Johnson 형제가 설립한 회사다. 현재 의약품, 의료·진단 기기, 화장품·건강 제품 등 소비재 분야를 대표하는 글로벌 헬스케어 기업으로 성장한 이 회사는 600여

개국에 250여 개 이상의 자회사와 조직을 두고 15만여 명을 고용하고 있다. 많은 사람이 존슨앤드존슨 제품인 베이비 파우더와 로션을 바르며 자랐고, 상처에 반창고를 붙였으며, 가끔씩 타이레놀을 복용할 것이다. 특히 코로나19 팬데믹 기간에 존스앤드존슨의 자회사인 얀센 제약Janssen Pharmaceuticals은 얀센 COVID-19 백신을 개발하여 전 세계에 보급했다.

이제 작은 규모의 조직을 살펴보자. 부부는 서울 시내 한 기업 빌딩 지하에서 작은 편의점을 운영한다. 아침 7시에 문을 열고 저녁 7시에 닫는데, 이 영업시간은 회사 직원들의 출퇴근 시간보다 앞뒤로 한 시간씩 여유를 둔 것이다. 아침과 점심시간에는 간편식과 유제품이 주로 팔리고, 그 외 시간에는 담배, 스낵, 음료수 등이 매출의 대부분을 차지한다. 아내는 아침에 출근하여 오후 시간까지 근무하고, 남편은 점심 이후 출근하여 새로 입고된 물건을 진열대에 쌓고 재고를 정리하다가 아내가 퇴근하는 오후 3~4시에 계산대에 선다. 부부의 수입은 많지 않지만, 그럭저럭 생활은 할 수 있다. Z세대인 두 자녀가 있지만, 편의점 운영에는 전혀 참여하지 않는다. 건강이 허락하는 한 부부 2인 조직으로만 운영해나간다는 것이 부부의 신념이다.

어떤 경영자든 경쟁력을 높여 성과가 뛰어난 기업을 만들고자 한다. 이를 위해 실현 가능한 목표를 설정한 뒤 그에 맞는 전략을 짜고 조직을 정비한다. 예를 들어 한 프랜차이즈 커피 전문점의 본사가 올해 전국 매장을 500개로 확대하고, 매출을 전년 대비 100억 원 이상 늘린다는 구체적 목표를 세웠다고 가정하자.

이 목표를 실현하기 위해 본사는 국내 커피 시장 규모를 분석하여 매장당 평균 5,000만 원의 매출 증가 목표를 설정한다. 이어 지역별 상권 상황, 평균 매출, 매장 수 등을 고려하여 서울은 매장당 1억, 수도권은 5,000만 원, 지방은 3,000만 원의 매출 증가 목표를 각각 정한다. 또한 매장 이용 연령층과 선호도를 분석한 결과에 따라 20~30대를 겨냥한 음료와 케이크, 편안한 매장 시설과 분위기, 리워드 등의 서비스에 집중한다.

특정 나이대와 성별에 초점을 둔 사업 전략으로 성공을 거둔 기업으로 룰루레몬을 들 수 있다. 룰루레몬은 초기 마케팅에서 전문직에 종사하며 경제적 여유를 누리는 32세 여성을 '슈퍼 걸'이라 부르며 이들을 위한 디자인과 서비스를 제공한다고 적극적으로 홍보했다. 이 판매 전략은 20대와 40대도 끌어들여 룰루레몬의 큰 매출 성과로 이어졌다.

최근 닥터 페퍼Dr Pepper가 펩시콜라를 누르고 미국 음료업계 2등 자리를 차지한 사실은 CNN에 보도될 만큼 사람들에게 놀라움을 주었다. 닥터 페퍼는 23가지 다양한 맛이 결합된 음료로, 특히 20대 청년들 사이에서 인기가 높다. 대학 미식축구 리그의 공식 음료로도 선정되면서, 그들만의 독특한 맛과 이미지를 알려왔다.

룰루레몬이나 닥터 페퍼처럼 나이, 성별, 취향 등 특정 대상층을 정하여 집중적으로 전략을 적용하면 예상을 뛰어넘는 높은 성과가 나기도 한다.

사례 3

💬 룰루레몬의 목표 설정과 끊임없는 도전

캐나다 출신의 칩 윌슨Chip Wilson은 원래 밴쿠버에서 스케이트, 스노보드, 서핑 등의 운동복을 파는 가게를 운영했다. 요가에 관심을 가져 수업에 참여했던 그는 당시 불편했던 요가복을 보완하여 땀 흡수가 잘되고 신축성이 있는 요가복을 만들기로 했다. 1998년 룰루레몬lululemon athletica을 설립하고, 요가복을 포함한 고기능성 운동복을 만들어 건강하고 활동적인 라이프스타일을 지원한다는 사업 목표를 세웠다. 그리고 기능성과 함께 세련된 디자인 스타일을 결합한 제품으로 구매자의 만족도를 높이려 했다.

조직이 커지자 룰루레몬만의 특별한 가치와 문화를 형성하기 위해 스타벅스에서 성과를 올렸던 크리스틴 데이Christine Day를 부사장으로 영입했다. 동시에 윌슨은 캐나다 출신이라는 한계를 뛰어넘기 위해 리복Reebok의 CEO였던 로버트 미어스Robert Meers를 영입했다. 미어스를 영입한 가장 중요한 목적은 룰루레몬 조직을 체계적으로 성장시켜 미국 증시에 상장하기 위함이었다. 계획대로 룰루레몬은 2007년 미국 나스닥NASDAQ 증권거래소에 상장되었고, 상장으로 확보한 자금은 룰루레몬이 글로벌 브랜드로 자리 잡는 데 큰 역할을 했다. 윌슨은 상장하고 1년 뒤 2008년에 크리스틴 데이를 CEO로 승진시켰다. 데이는 회사의 운영 방식과 조직의 체질을 개선하고 브랜드 인지도를 높여, 룰루레몬이 본격적으로 글로벌 시장에 진출할 수 있는 기반을 마련했다.

룰루레몬은 독특한 고객 중심의 접근 방식으로 피트니스 의류 시장에서 빠르게 입지를 다졌다. 이는 끊임없이 성장 목표를 높이면서 이에 따른 브랜드 정체성과 전략을 설정하여 도전했기 때문에 가능한 일이었다. 윌슨이 언론 인터뷰에서 "룰루레몬은 콘도미니엄 회원권을 보유하고, 여행과 운동을 좋아하며, 유행에 민감한 32세 전문직 여성을 겨냥하여 제품을 만들고, 서비스를 제공하고, 관계를 구축했다"고 말한 데서 그의 브랜드 전략을 엿볼 수 있다.

민츠버그 교수의 조직 구조도

조직을 분석하거나 설계할 때 혹은 조직을 생태적 관점에서 바라볼 때는 보통 몇 가지 부분으로 나누어 설명한다. 조직의 구조에 관해 오랫동안 연구해온 헨리 민츠버그Henry Mintzberg 교수는 초기 연구에서 조직을 다섯 부분으로 구분하여 설명했다.[3] 이후 민츠버그는 이데올로기Ideology를 추가하여 조직을 여섯 부분으로 설명했고,[4] 최근 저서에서는 정치성Politics을 추가하여 일곱 부분으로[5] 확장했다. 이 일곱 부분을 그림으로 나타내면 다음과 같다.

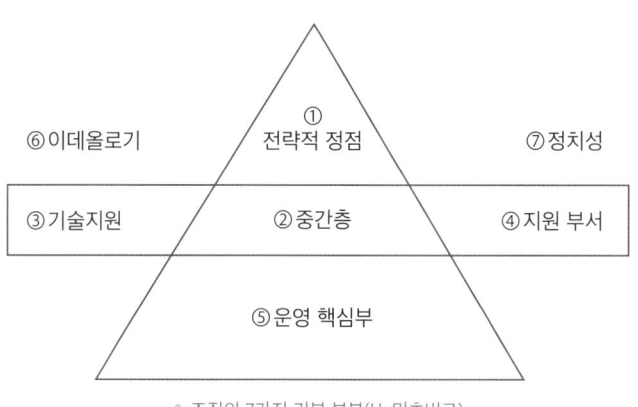

⌃ 조직의 7가지 기본 부분(H. 민츠버그)

① 전략적 정점: CEO, CFO, CTO 등 최고 경영층의 의사 결정자를 말한다.

② 중간층: 부서장, 부문장 등 조직의 중간 관리자를 말한다.

③ 기술지원: 작업 절차와 기술의 표준을 다루고 정의하는 전문가를 말한다.

④ 지원 부서: 조직의 운영을 지원하는 부서를 말한다.

⑤ 운영 핵심부: 조직의 일선에서 일하는 작업자를 말한다. 조직에서 가장 많은 인원으로 구성되어 있다.

⑥ 이데올로기: 조직의 문화, 가치, 신념 등을 말한다.

⑦ 정치성: 조직 내부의 권력과 정치적 관계를 말한다.

민츠버그 교수가 계속하여 조직의 구조를 확장한 이유는, 갈수록 복잡해지는 조직 구성의 특성과 급변하는 외부 환경을 반영했기 때문이라 할 수 있다. 이데올로기는 조직의 문화, 가치, 신념 등을 사명이나 비전으로 제시하면서 구성원들에게 조직의 방향과 정체성을 강조하는 요소다. 이는 특히 비영리 단체와 같이 강한 사명감을 요구하는 조직에서 중요한 역할을 한다. 정치성은 공식적으로 존재하지는 않는 조직 내부의 권력과 정치적 관계를 의미한다. 조직 내 비공식적 지배력, 영향력, 갈등 등을 의미하며, 권력을 둘러싼 정치적 요소가 조직의 의사 결정과 조직 간 관계에서 중요한 역할을 할 수 있음을 나타낸다.

이데올로기와 정치성이 추가된 것은 조직 내에서 비공식적 요소와 가치 체계가 그만큼 힘을 갖는다는 의미이며, 이 2가지가 조직을 실제로 이해하는 데 필요한 요소임을 보여준다.

> **사례 4**

💬 길틀리스 고메의 위기와 조직 전환

길틀리스 고메Guiltless Gourmet(이하 고메)는 1990년대 초 비만을 우려하는 미국 사회 분위기에 따라 저지방이면서 맛도 좋은 고품질 건강 스낵을 판매했다. 저지방 팝콘, 감자·고구마 칩, 말린 과일 스낵, 너트 믹스 등은 인기를 얻으며 큰 매출을 기록했다.

그런데 2000년대 들어서면서 건강 스낵 시장에 변화가 일어났다. 건강과 웰빙에 대한 소비자들의 관심이 높아지면서 저지방, 저당, 유기농, 비건, 슈퍼푸드 등 건강 성분이 포함된 스낵의 수요가 증가했다. 또한 바쁜 라이프스타일에 맞춰 간편하게 먹을 수 있는 소포장 제품과 이동 중에도 쉽게 섭취할 수 있는 형태의 스낵을 찾게 되었다. 게다가 제품 원료와 생산 방식에 대한 관심이 높아지면서 친환경 방법으로 생산된 제품이나 윤리적으로 거래된 원료를 사용하는 브랜드에 대한 선호도가 증가했다. 또 온라인 구매가 증가하면서 여러 스낵을 비교하기 쉬워졌다.

고메는 이러한 소비자 요구와 제품 생산을 둘러싼 급격한 환경 변화를 감지하지 못하고 기존의 제품만 판매하여 소비자의 외면을 받을 수밖에 없었다. 성장세가 둔화했으며, 2000년 초반에는 회사의 생존이 위협받는 수준에까지 이르렀다. 매출 하락으로 인한 재정 압박뿐 아니라 기존의 생산과 유통 방식이 더는 효율적이지 않다는 점을 인식하면서 고메는 소비자 요구에 즉각 부응하고 스낵의 경쟁력을 높이기 위해 유기적 모듈organic modular 조직으로 변신하기 시작했다. 본사는 마케팅과 판촉에만 집중하고, 생산을 포함한 다른 과정은 아웃소싱으로 조달했다. 본사가 운영하던 공장도 폐쇄하여 지역 업체와 협력 생산하는 조직 구조로 바꾸었는데, 시장의 변화에 빠르게 대응하기 위한 선택이었다.

유기적 소규모 조직으로 탈바꿈 후 고메는 독립적이고 혁신적인 의사 결정을 내릴 수 있었고, 이를 통해 새로운 건강 트렌드에 맞춘 제품 개발 속도를 높일 수 있었다. 또한 높은 유연성을 바탕으로 경쟁 업체와 차별화된 제품 라인을 갖추게 되었으며, 파트너와의 협력 체계를 통해 생산과 유통을 최적화함으로써 비용을 절감할 수 있었다. 이러한 변화는 더 많은 소비자를 확보하고 시장 점유율을 높여 매출과 수익성이 함께 증가하는 결과로 이어졌다.

*참고: Richard L. Daft, 『Organization Theory & Design』(2007)

요점 정리 •••

• 조직은 두 명 이상이 공동의 목표를 향해 노력하는 집단으로 정의할 수 있는데, 점차 가상 공간의 네트워크, 플랫폼, 온라인 기관 등도 중요한 조직으로 자리 잡고 있다.

• 조직은 체계적 구조를 통해 환경 변화에 적극적으로 대응하고, 끊임없이 효율성을 평가하며 지속 가능한 발전을 추구한다.

2장

조직의
시스템적 이해

시스템적 관점으로 보는 조직

조직은 '체계적인 구조를 기반으로 외부 환경에 대응하면서 구성원이 목표를 달성하기 위해 상호작용하며 노력하는 집단'으로 정의할 수 있다. 이러한 조직의 정의와 특성 때문에 조직을 시스템적 관점에서 설명하는 경우가 많다. 일반적으로 시스템은 '한 체계를 구성하는 요소들이 설정된 목표를 달성하기 위해 유기적으로 연결되어 상호작용하는 집합체'로 이해된다. 따라서 시스템적 관점이란 어떤 현상을 전체적 관점에서 이해하고 상호 관련성을 다루는 접근법이라 할 수 있는데, 이러한 관점은 조직의 기능을 이해하는 데 도움이 된다.

폐쇄 시스템 조직과 개방 시스템 조직

시스템은 투입Input, 변환Transformation, 산출Output, 피드백, 환경 등의 요소로 구성된다. 이 요소들과 함께 사람, 자금, 원자재, 정보 등 다양한 자원이 상호작용함으로써 조직 시스템이 형성된다. 전통적 조직 이론은 인간 조직을 폐쇄 시스템closed system 으로 보는 경향이 있었으나, 이를 개방 시스템open system으로 이해하게 되면서 조직 연구는 새로운 전환점을 맞게 되었다.[6]

폐쇄 시스템은 외부 환경과 차단되어 상호작용이 단절된 시스템을 말한다. 즉, 폐쇄 시스템 조직은 고립된 상태에서 운영되며 외부의 영향을 최소화하려는 경향을 띤다. 따라서 내부의 효율성과 안정성을 중시하며 외부 변화에 적응하기보다 기존 구조와 절차를 유지하는 것이 핵심이다. 이러한 현상이 나타나는 이유는 폐쇄 시스템에서는 외부 환경을 예측 가능한 안정적인 것으로 간주하여 조직에 영향을 거의 미치지 못하는 요인으로 인식하기 때문이다. 조직의 기능에 관한 초기 연구는 주로 폐쇄 시스템을 전제로 이루어졌다. 대표적인 폐쇄 시스템 조직으로는 교정 기관의 수용소와 군대가 있다. 특히 특수 임무를 띤 군대나 연구소는 꽤 폐쇄적이라 할 수 있다.

반면, 개방 시스템 조직은 외부의 자원, 정보, 시설 등과 끊임없이 교류하며 외부 환경을 조직 발전에 필수적인 요소로 인식한다. 특히 변화하는 외부 환경에 민첩하게 대응하는 것을 중시하고 외부의 피드백을 반영하여 조직 내부 구조와 절차를 개선해나간다. 개방 시스템의 특징을 지닌 대표적 조직으로 구글, 애플, 아마존과 같은 기술 기업Tech Company을 들 수 있다. 이들은 빠르게 변화하는 기술 트렌드에 적응하고, 고객의 피드백과 반응에 따라 제품을 빠르게 보완하며, 혁신과 협업을 통해 끊임없이 조직을 변화시키려 한다.

이해관계자들과 적극적으로 교류하는 상장 기업, 그린피스나 유니세프 같은 비영리 단체, 고객사와 사회 문화의 변화에 민감하게 반응하는 광고 에이전시와 플랫폼 기업도 대표적인 개방 시스템 조직의 사례다.

사례 5

💬 폐쇄 시스템 조직의 예

외부 환경과 완전히 차단된 채 생활한다면 얼마나 오래 견딜 수 있을까? 특수한 경우를 제외하면 외부와 완전히 차단되는 것은 불가능하지만, 불가피하게 완전 차단에 가깝게 운영되는 일시적 조직이나 기관은 존재한다.

폐쇄 시스템을 갖춘 대표적인 조직으로 군대와 수용소를 떠올릴 수 있다. 최근 우리나라 군대는 평일 일과 후와 휴일에 개인 휴대폰을 사용할 수 있고, 면회나 외박이 이전보다 자유로워졌다. 교정 수용소도 외부인의 접견 허용이나 수용인의 민원 해결 수준에서 보면 이전 폐쇄 시스템의 상황과는 많이 달라졌다. 그럼에도 여전히 폐쇄 시스템을 갖춘 조직이라 볼 수 있다. 또 다른 예로는 대학수학능력시험 출제 과정을 들 수 있다. 출제 위원은 일정 기간 외부와 완전히 차단되어 생활한다. 정부나 기업이 한시적으로 운영하는 연구소나 특별 프로젝트팀에서도 부득이 외부 교류가 제한되는 경우가 있다. 미국 원자폭탄 개발의 기초가 되었던 맨해튼 프로젝트 역시 폐쇄 시스템으로 운영되는 조직이었다. 현재도 러시아의 핵무기와 미사일 개발 연구 기밀 부서인 SRFStrategic Rocket Forces, 중국의 비밀 연구소인 TSSRThe Special Scientific Research 등은 폐쇄 시스템으로 운영된다고 볼 수 있다. 영국의 퀘이커Quakers, 미국의 아미시Amish 마을은 일부 과학기술을 수용하지만 현재도 외부와 단절에 가까운 공동체 생활을 하며 자급자족하는 형태로 운영되고 있다. 피터 위어Peter Weir 감독의 영화 「위트니스Witness」 (1985)는 아미시 마을의 폐쇄적인 분위기를 잘 담아낸 작품이다.

기계적 조직과 유기적 조직

외부 환경 변화에 대응하는 방식과 통제의 정도에 따라 조직을 기계적 조직Mechanistic Organization과 유기적 조직Organic Organization으로 나누기도 한다. 번스Burns와 스토커Stalker[7] 박사는 영국의 20개 산업 조직을 관찰하고 조직이 환경 변화에 어떻게 적응하는지 분석해 기계적 조직과 유기적 조직의 개념을 제시했다.

기계적 조직은 계층적이고 통제된 구조로서 역할과 업무가 명확히 정해져 있고 규칙과 절차에 따라 운영된다. 의사 결정은 상위 관리층에서 이루어지며, 직원들은 지시된 업무를 수행한다. 의사소통이 수직적으로 이루어지며 하위 직원이 변화를 제안하기 어렵다. 주로 제조업이나 정부 기관처럼 외부 변화가 적고 예측 가능한 안정적 환경에서 유리하다.

유기적 조직은 유연하고도 비공식적인 구조를 지닌다. 직무가 고정적이지 않고 구성원은 자율성을 지니면서도 책임을 지고 문제를 해결한다. 또한 수평적이고 협력적인 의사소통을 중요시하며 부서 간 경계가 상대적으로 느슨하다. 이때 창의성과 혁신이 중요한 역할을 하며, 조직은 빠르게 변화하는 환경에 신속하게 적응할 수 있다. IT 기업, 연구소, 스타트업이 주로 유기적 조직으로 이루어져 있다. 유기적 조직은 불확실하고 빠르게 변화하는 환경에서 유리하다.

조직을 기계적으로 운영할지, 유기적으로 운영할지는 조직이 속한 산업과 환경의 특성에 따라 달라진다. 기업들은 이러한 특성을 고려해 적합한 조직 구조를 채택하게 된다.

사례 6

💬 블록버스터의 기계적 조직과 넷플릭스의 역발상 유기적 조직

넷플릭스는 유기적 조직의 특성을 지닌 대표적인 사례로 꼽힌다. 1980년대와 1990년대 아무도 넘볼 수 없는 골리앗과 같았던 비디오와 DVD 대여 체인 기업 블록버스터

Blockbuster를 다윗의 돌팔매와 같던 신생 기업 넷플릭스가 파산시켰다.

넷플릭스 창업자 리드 헤스팅스Reed Hastings는 빌린 비디오를 약정한 날짜에 반납하거나 연체료를 내는 블록버스터의 기계적인 대여 시스템에 대항하여, 연체료가 없는 구독료라는 역발상을 했다. 그간 불편한 대여 시스템을 참던 소비자들이 편리한 시스템과 다양한 서비스로 무장한 넷플릭스로 대거 옮겨가면서, 결국 블록버스터는 2013년에 파산했다.

넷플릭스는 1997년 비디오와 DVD를 우편으로 배달하는 서비스를 시작했으며, 이후 스트리밍으로 사업을 확대했다. 또한 현지 문화를 반영한 영화와 드라마 콘텐츠를 제작하여 전 세계에 공급하고 있다. 넷플릭스는 빅데이터를 이용해 사용자의 선호도를 빠르게 파악하고, 알고리즘을 통해 맞춤형 콘텐츠를 추천하는 서비스로 구독자를 크게 늘렸다. 광고를 통해서도 엄청난 매출을 올리고 있다.

넷플릭스는 수요자의 요구와 선호를 신속하게 파악하고 그에 대응하기 위해 유기적 조직 구조와 문화를 유지하고 있다. 팀 간 경계를 허물고 창의적 아이디어를 적극 수용하며 자율성과 책임을 강조한다. 이러한 방식으로 팀과 직원에게 많은 권한을 부여해 소비자 요구에 즉각적으로 대응할 수 있는 구조를 취하고 있다. 또한 다양한 요금제, 할인 제도, 멤버십 혜택 등을 통해 고객 유입을 확대하고 기존 고객의 이탈을 줄인다. 이처럼 넷플릭스는 유기적 조직의 특징인 높은 유연성과 창의성 그리고 변화에 대한 민첩성을 바탕으로 시장의 요구에 성공적으로 대응하고 있다.

요점 정리 •••

• 폐쇄 시스템 조직은 외부의 영향을 최소화하려는 경향이 있고, 개방 시스템 조직은 외부 환경을 조직 발전에 필수적인 요소로 인식하여 끊임없이 상호작용한다.

• 기계적 조직은 역할과 업무가 명확히 정해져 있어 규칙과 절차에 따라 운영되고, 유기적 조직은 직무가 고정적이지 않아 구성원들이 자율성을 지니면서도 책임을 가지고 문제를 해결한다.

3장

지속 가능한
조직이란?

조직에는 수명이 있다

조직은 화려하게 출범한 후 지속하여 성장하기도 하지만 어느새 사라지기도 한다. 심지어 대단한 성과를 거두어 매우 안정적으로 보이던 조직이 예상치 못한 외부 공격이나 조직의 내분 등으로 급격히 쇠퇴하는 일도 있다. 한때 거의 모든 PC의 외관에 'intel inside'라는 로고 스티커가 붙어 있을 정도로 인텔은 '반도체 거인Chip Giant', '원조 반도체 제국Semiconductor Empire'으로 불렸다. 그러나 2024년 수익성 악화에 따라 반도체 위탁 생산 부문인 파운드리 사업부를 자회사로 분사하는 사업 조정안을 발표했다.[8] 이 조정안이 충격적이었던 이유는, 인텔이 2021년 파운드리 시장 재진출을 선언한 지 불과 3년 만에 분사를 통한 구조 조정을 발표한 것이었기 때문이다.

기업은 수익이 악화하여 영업 적자가 누적될 때 직원을 해고하고 조직을 줄이는 구조 조정 정책을 시행하는 경우가 일반적이다. 그러나 유명한 조직이론 학자인 리처드 대프트Richard Daft[9]는 조직이 어렵다고 해서 인력을 감축하는 일은 합리적이지도 않고 올바른 방법도 아니라고 강조한다. 그렇다고 수익이 감소하는 상황에서 기존 조직과 인력을 그대로 유지할 수는 없지 않을까? 그러면 어떻게 해야 조직이 지속적으로 발전하고 유지될 수 있을까? 먼저 경영진이 지속적으로 발전할 수 있는 조직을 설계하고, 각 구성원은 조직이 나아가려는 목표를 이해하고 같은 방향으로 힘을 모아야 가능한 일일 것이다.

다음으로는 조직이 설립되어 성장하거나 사라지는 수명 주기의 패턴을 알아보고, 지속적인 발전이 가능한 조직을 만들기 위한 전략은 무엇인지, 이에 따라 어떤 조직을 선택하여 구성원으로서 어떤 역할을 해야 하는지도 살펴본다.

조직의 수명 주기

2000년대 중·후반 '미니홈피' 서비스로 큰 인기를 끌었던 싸이월드는 페이스북, 인스타그램 등이 등장하면서 급격히 쇠퇴했다. 피 한 방울로 250여 가지 질병을 검사할 수 있다고 주장했던 미국의 메디컬 스타트업 테라노스Theranos Inc.는 창업자인 엘리자베스 홈스의 거짓 광고와 사기로 결국 문을 닫았다. 반면, 애플, MS, 메타는 IT 스타트업으로 출범하여 성장과 위기의 단계를 거치면서 결국 글로벌 기업으로 도약했다. 이처럼 조직은 설립된 후 성장하기도 하고 사라지기도 한다.

미국 소기업청SBA, Small Business Administration의 데이터에 따르면, 약 절반의 소기업이 창업 후 5년 이내에 실패하거나 사업을 중단한다. 또 노동통계국BLS의 자료에 따르면, 약 20퍼센트의 신생 기업이 창업 후 첫해에 문을 닫는다. 이러한 실패율은 업종, 지역, 경제 상황과 환경 등에 따라 달라질 수 있지만, 짧은 기간에 사라진 기업은 대부분 창업 후 다음 단계로 제대로 전환하지 못한 것으로 분석된다.

조직의 성장과 변화 단계를 연구한 결과를 보면 조직은 크게 설립, 성장, 성숙의 과정을 거치는데, 연구자들은 이를 좀 더 구체적으로 4단계 또는 5단계로 나누기도 한다. 여기서는 래리 그레이너Larry Greiner의 5단계 수명 주기[10], 곧 창업, 성장, 성숙, 쇠퇴, 재성장 혹은 해체 단계에 기반하여 단계별 특성과 사례를 살펴보자.

1) 창업 단계Birth/Entrepreneurial Stage

조직을 처음 만들었거나 기업을 창업했을 때 가장 중요한 점은 기존에 없던 아이디어로 창의적 제품을 만들어 시장에서 관심을 받고 살아남는 일이다. 이때는 조직이라고 할 것도 없이 보통 두세 명의 뜻을 같이하는 창업자가 생산, 마케팅, 관리, 자금 확보까지 많은 역할을 동시에 맡는다. 따라서 창의적 사고와 유연성으로 외부 환경과 소비자 요구에 발 빠르게 대응할 수 있는 창업자의 역할이 매우 중요하다. 초기 고객 확보, 시장 진입, 생산과 서비스를 위한 자금 조달은 창업 초기에 맞닥뜨리는 가장 중요한 과제다.

스티브 잡스Steve Jobs, 스티브 워즈니악Steve Wozniak, 로널드 웨인Ronald Wayne은 1976년 워즈니악의 집 차고에서 애플컴퓨터Apple Computer, Inc.를 설립했다. 초기 애플컴퓨터는 인텔 출신의 에인절 투자자 마이크 마쿨라Mike Markkula Jr.로부터 25만 달러를 확보했다.

에어비앤비Airbnb Inc.는 2007년 대학교 친구인 브라이언 체스키Brian Chesky와 조 게비아Joe Gebbia가 샌프란시스코의 월세를 감당하지 못해 방을 빌려주고 아침을 제공한 것이 그 시작이었다. 다음 해에 엔지니어인 네이선 블레차르지크Nathan Blecharczyk가 합류하여 본격적으로 사업을 시작했다. 신생 숙박 스타트업으로서 플랫폼의 신뢰를 확보하고, 호스트와 게스트를 유치하는 것이 가장 큰 도전이었다. 미국의 스타트업 엑셀러레이터 기업인 와이 콤비네이터Y Combinator와 세콰이어 캐피털Sequoia Capital Operation LLC로부터 60만 달러의 시드 라운드 자금을 조달했다.

2) 성장 단계Growth/Collectivity Stage

성장 단계에는 경영진의 강력한 리더십이 형성되고, 조직은 명확한 목표와 방향을 가지고 빠르게 성장한다. 시장 점유율과 직원 수가 증가하면서 위계, 직무 할당, 분권 등에 의해 부서와 프로세스가 생겨나며 효율적 관리의 필요성이 커진다. 조직이 어느 정도 규모를 갖추고 안정되면 창업자는 자신의 전문성에 집중하기 위해 전문경영자를 영입하기도 한다. 구글의 설립자 래리 페이지 Larry Page와 세르게이 브린Sergey Brin이 노벨Novel과 선 마이크로시스템즈Sun Microsystems 등에서 경영 경험을 쌓은 에릭 슈미트Eric Schmidt를 최고경영자로 영입하면서 자신들은 프로그램 개발에만 집중했던 경우를 생각해볼 수 있다.

이 단계에 구성원은 자신의 목표를 조직의 비전과 목표에 일치시키면서 조직의 성공을 위하여 최선을 다한다. 효율적 운영으로 조직이 발전해가는 모습을 보면서 자신과 조직을 동일시하며 헌신한다.

3) 성숙 단계Maturity/Formalization Stage

조직이 성장 단계를 거쳐 성숙 단계에 이르면 제도, 절차, 시스템이 도입되고 이들의 통제 아래 안정적인 수익과 운영 프로세스를 구축하려 한다. 그러나 이 단계에서는 성장 속도가 차츰 둔화하기도 하고, 조직이 커짐에 따라 관료주의적 특성이 나타나 경영상 문제점이 도출되거나 CEO, 창업자가 교체되는 경우도 생긴다.

에어비앤비는 빠른 성장을 통해 전 세계 수백만 개의 숙소를 운영하며 글로벌 숙박 공유 서비스의 리더가 되었다. 하지만 기존 숙박 산업과의 경쟁이 심해지고, 여러 도시에서 주거용 공간을 상업적으로 이용하는 것과 관련된 규제와 세금 문제가 발생했다. 또한 플랫폼의 안전성과 신뢰성을 유지할 수 있는 글로벌 운영 관리가 중요한 과제로 떠올랐다.

1971년 3월에 설립된 스타벅스Starbucks는 성장을 거듭하면서 2000년대 초반에 전 세계로 매장을 확대하며 강력한 커피 브랜드로 자리 잡았다. 수천 개 매장에서 커피와 차를 사용한 다양한 음료와 베이커리를 개발하여 고객 만족을 높여왔다. 그러나 성숙 단계에 접어들면서 커피 시장과 매장 간 경쟁이 심해지고 고객의 서비스 요구가 많아져 성장이 둔화하는 현상이 나타났다.

성숙 단계에는 혁신을 유지하고 조직의 인재를 관리하며 시장 변화에 효율적으로 대응하면서도 새로운 성장 기회를 찾는 것이 무엇보다 필요하다.

4) 쇠퇴 단계 Decline Stage

조직의 쇠퇴는 일반적으로 시장에서의 경쟁력 상실, 강력한 경쟁자 출현, 예상치 못한 환경 변화, 수익 감소 등의 문제로 나타난다. 이 단계에는 위기를 인식하고 리더십과 전략을 바꾸며 조직 구조를 재편성하는 등의 노력을 해야 하지만, 조직의 경직성으로 인해 변화와 혁신이 쉽지 않다.

스타벅스는 2008년 글로벌 금융 위기 당시, 지나친 매장 확장으로 고객 경험의 질이 저하되고 브랜드 정체성 문제가 부각되면서 매출이 급감했다. 이를 해결하기 위해 스타벅스를 성장시켰던 하워드 슐츠Howard Schultz가 다시 복귀했다. 그는 매장 환경을 개선하고 고객 경험을 강화하는 한편, 브랜드 리포지셔닝에도 집중했다.

에어비앤비는 인종차별 문제가 여러 번 제기되었다. 일부 호스트가 게스트의 인종을 이유로 예약을 거부한 사례가 있었고, 성범죄와 관련된 안전 문제도 보고되었다. 이러한 이슈는 고객 경험과 회사 이미지에 타격을 주었고, 일부는 법적 소송으로 이어지기도 했다. 또한 코로나19 팬데믹으로 여행 수요가 급감하면서 수익 감소가 발생했다. 에어비앤비는 이러한 위기에 대응하기 위해 신원 검증과 배경 조사를 강화해 차별 문제를 방지하고, 게스트의 안전을 위한 24시간 안전 핫라인을 설치했다. 팬데믹 기간에는 구조 조정을 통해 재정 위기를 극복하고자 했다.

조직의 쇠퇴 단계에서는 다양한 정책 개발과 기술적 개선 조치를 시행해 브랜드의 신뢰성을 회복하는 것이 가장 중요하다.

5) 재성장 또는 해체 단계Renewal or Death Stage

이 단계에 이른 조직은 혁신에 성공하면 재성장하지만 회복하지 못하면 결국 해체된다. 따라서 생존을 위해서라도 전략을 재구성하고 변화를 수용하는 것이 중요하다.

스타벅스는 금융 위기를 거친 2010년 이후 모바일 주문 시스템과 로열티 프로그램 도입, 매장 환경 개선 등을 통해 고객 경험을 강화하며 재성장을 위해 고군분투하고 있다. 특히 디지털 혁신과 소비자 소통을 강화하면서 브랜드 충성도를 높이는 데 집중했으며, 지속 가능한 원두 공급과 지역 사회 참여 등을 통해 이미지 개선에 나서고 있다. 2024년 9월에는 타코벨, P&G, 월마트Walmart 등에서 경영 경험을 했고 치폴레 멕시칸 그릴Chipotle Mexican Grill에서 성공 신화를 쓴 브라이언 니콜Brian Niccol을 CEO로 임명했다. 스타벅스가 새로운 성장의 역사를 써 내려갈지 관심이 집중되고 있다.

팬데믹 이후 에어비앤비는 원격근무 확산에 따른 장기 숙박 수요와 새로운 여행 트렌드에 맞춘 서비스를 강화했다. 원격근무자와 디지털 노마드를 위해 4주 이상 장기 예약 시 할인 혜택을 제공하는 정책도 도입했다. 국제여행보다 자동차를 이용한 근거리 여행이 인기를 끌자 근교 숙박 옵션을 제공하고, 교외나 자연 속 숙소에 대한 검색 기능을 강화했다. 또한 플랫폼의 신뢰성과 안전성을 강화하고 이용자의 편의를 높이는 방향으로 기술적 개선을 진행했다.

스타벅스와 에어비앤비의 사례에서 알 수 있듯이 조직은 성장과 변화의 단계마다 서로 다른 도전 과제를 겪는다. 스타벅스의 경우, 초기의 커피 원두 판매에서 시작해 고객 경험 중심의 커피 문화 제공으로 영역을 확장했고, 경쟁이 치열한 위기 상황에서는 차별화된 서비스로 브랜드 가치를 재정립하며 성장을 이어간 사례라 할 수 있다. 조직 수명 주기의 각 단계에서 유연하게 변화를 수용함으로써 지속 가능한 성장을 유지할 수 있었다.

에어비앤비도 각 수명 주기 단계에서 유연하게 전략을 조정하며 글로벌 공유 경제의 리더로 성장해왔다. 특히 장기적 지속 가능성을 고려한 규제 준수와 현지 커뮤니티와의 협력 강화를 통해 위기와 변화 속에서도 소비자 요구를 반영한 서비스 혁신으로 재도약을 끌어낸 사례라 할 수 있다.

조직의 수명 주기 단계와 특성을 이해함으로써 위기를 예측하고 미리 대응 전략과 방안을 준비하여 실행할 때만 조직의 수명을 늘리고 지속적으로 성장할 수 있다. 내가 속한 조직이 지금 어느 단계에 와 있는지 생각해보고, 현 단계에서 조직과 나의 역할이 무엇인지 찾아볼 필요가 있다.

나와 맞는 조직 규모 찾기

어떤 사람은 대기업에서 일하고 싶어 하고, 어떤 사람은 작은 규모의 조직에서 경력을 쌓고 싶어 한다. 조직의 규모에 따라 기업을 대기업, 중견기업, 중소기업으로 나누기도 하는데, 대규모와 소규모의 조직은 각각 어떤 특징을 가질까? 그리고 사람의 성향에 따라 선호하는 조직의 규모가 어떻게 다를까?

개인의 성향이 조직의 규모와 특성에 잘 맞을 때, 그 사람이 조직에서 성공할 확률이 더 높아질 수 있다. 과연 나는 어떤 규모의 조직에서 일을 시작하는 것이 좋을지, 그리고 지금 속해 있는 조직의 규모가 나에게 적합한지 한번 생각해보자.

• 대규모 조직

지금의 대기업도 처음에는 최소한의 인원으로, 심지어 한두 명으로 시작한 경우가 많다. 창업자의 꿈은 늘 조직을 키우는 데 있으므로 성장함에 따라 스타트업에서 중소기업, 중견기업, 그리고 대기업으로 확장되고 발전한다. 조직의 규모가 커지면 수익이 증가하고 투자가 늘며 사회적 기여도도 커진다. 이에 따라 구성원은 자긍심을 갖게 되며, 조직 내에서 도전할 기회 또한 많아진다. 구성원이 많아지면서 조직은 부서department와 부문division으로 나뉘고, 지침이나 시스템에 따라 움직이며 절차와 통제도 받게 된다.

대규모 조직은 대량 생산과 구매를 통해 비용을 절감하는 규모의 경제를 실현할 수 있다는 점이 가장 큰 장점이다. 게다가 인력, 재정, 기술 등 다양한 자원을 확보하기가 상대적으로 쉽고, 출시하는 제품의 인지도도 빨리 높일 수 있다. 그러나 규모가 클수록 관료적이고 경직된 구조로 인해 의사 결정이 효율적이지 못하고 외부 변화에 둔감해진다는 단점도 있다. 필름과 아날로그 카

메라의 대명사였던 코닥Kodak, 한때 혁신의 아이콘으로 불렸던 다국적 유통업체 시어스, 로벅 앤드 컴퍼니Sears, Roebuck and company 같은 대기업은 시장의 변화를 깨닫지 못한 경영진의 안일한 판단으로 파산 보호 신청과 조직 규모 축소라는 길을 걷게 되었다.

• 소규모 조직

소규모 조직의 가장 큰 장점은 유연성이다. 의사 결정 구조가 단순하고 닥친 문제에 신속하게 반응할 수 있어서 소비자 요구에 빠르게 대응할 수 있다. 특히 기술 스타트업은 초기에 소규모로 시작해 유연하게 혁신할 수 있다는 큰 장점이 있다. 코로나 mRNA 백신으로 잘 알려진 모더나Moderna는 2010년 9월 10명의 직원과 약 1,000만 달러의 자본금으로 설립되었는데, mRNA 기술을 기반으로 혁신적 치료법 개발에 집중하여 창업한 지 8년 만인 2018년 12월 나스닥에 상장했다. 2025년 10월 초 기준으로 시가총액이 약 108억 달러에 이르렀고, 종업원 수는 5,800여 명으로 알려져 있다. 이처럼 혁신의 정도에 따라 조직의 규모는 얼마든지 성장할 수 있다.

• 대소 혼합 규모 조직

소규모 조직은 유연성과 빠른 의사 결정이라는 장점을 바탕으로 발전하지만, 결국 대규모 조직이 되면서 이러한 소규모 조직의 장점이 희석되는 아이러니를 겪게 된다. 그런데 이러한 문제를 해결하는 방안을 도입한 사례가 있다. 세기의 경영인으로 불리며 20년간 제너럴일렉트릭GE의 회장과 CEO를 역임한 잭 웰치Jack Welch는 대규모의 자원과 인프라를 활용하면서도 소기업의 민첩성과 유연성을 결합한 '대기업-소기업 하이브리드 구조big-small hybrid structure'라는 개념을 제시했다.

웰치 회장은 GE와 같은 대규모 기업도 소규모 기업처럼 빠르고 유연하게 움직일 수 있어야 함을 강조하면서 내부 구조를 단순화하고 계층을 줄여 신속한 의사 결정과 혁신을 촉진하고자 했다. 이를 위해 팀 단위로 권한을 부여하고 자율성과 창의성을 장려했으며, 소기업처럼 고객과 시장의 변화에 빠르게 대응하는 조직문화를 구축했다. 하이브리드 구조를 통해 불필요한 관료주의를 제거하고 현장의 실질적인 고객 경험을 중요시하여 GE를 경쟁력 있는 글로벌 기업으로 만든 것이다.[11]

구글도 하이브리드 구조를 채택한 성공 사례다. 거대기업 구글은 작은 프로젝트팀을 자율적으로 운영하면서 혁신을 촉진하고 빠른 의사 결정을 할 수 있도록 지원하는 문화를 유지해왔다. 구글의 하이브리드 구조는 특히 제품 개발과 혁신을 가속화하는 데 유리하다. 본사의 방대한 자원과 인프라를 활용하면서도 각 팀이 스타트업처럼 독립적으로 운영되도록 지원한다. 실험 문화를 강조하며 다양한 아이디어를 자유롭게 실험할 수 있는 환경을 제공함과 동시에 성공적인 프로젝트는 빠르게 확장하고 실패한 프로젝트는 신속하게 정리한다. 이러한 구조 덕분에 구글은 창의성과 효율성을 동시에 극대화하면서 빠르게 변화하는 시장 환경에 적응하는 유연한 조직이라는 평가를 받고 있다.[12]

정직한 조직이 오래간다

1995년 2월 세계적 상업은행인 영국의 베어링스 은행Barings Bank이 230여 년 역사에 종지부를 찍고 파산했다. 1762년 프랜시스 베어링 남작이 런던에 설립한 베어링스 은행은 세계의 큰 거래에 자금을 지원했고 영국 왕실이 고객이어서 '여왕의 은행'이라고도 불렸다. 그러나 닉 리슨Nicholas Leeson이라는 젊은 직원의 지속적인 불법 거래, 이익과 성과에 눈이 멀어 그의 부정을 눈감아준 경영진의 둔감한 윤리 의식이 맞물리면서 은행은 결국 파산에 이르러 문을 닫을 수밖에 없었다. 이 사건은 「겜블」이라는 영화로도 만들어져 많은 이들, 특히 재무나 회계를 담당하는 사람에게 경종을 울렸다.

이러한 교훈에도 불구하고 미국에서 대규모 회계 부정 사건이 터졌다. 회계 부정과 부패의 악명 높은 사례가 된 엔론 사태다. 1985년 휴스턴 내추럴 가스Houston Natural Gas와 천연가스 유통 회사인 인터노스InterNorth Corporation가 합병하면서 엔론 Enron Corporation이 설립되었다. 이후 엔론은 에너지, 물류, 수자원, 통신업까지 진출하면서 가장 혁신적인 기업 중 하나로 손 꼽혔다. 그러나 이사회 의장과 CEO였던 케네스 레이Kenneth Lay 와 제프리 스킬링Jeffrey Skilling, 재무 책임자였던 앤드루 패스토 Andrew Fastow를 비롯한 임원들의 계획적인 분식 회계와 과장된 홍보 등 비윤리적 경영이 2001년 3월 밝혀졌다. 결국 엔론은 그해 12월 파산 보호를 신청했다.

엔론 파산에 따른 손실액은 약 740억 달러에 달했는데, 이 는 당시 미국 역사상 가장 큰 규모의 부정 액수였다. 한때 미 국 7위의 기업으로 선정되며 하버드 경영대학원 졸업생을 비 롯한 우수한 MBA 졸업자가 몰렸던 엔론은 마지막까지 보유 했던 에너지 사업을 매각하면서 2006년 최종 해체되었다.

회계 부정 사건은 우리 주변에서도 종종 일어난다. 2021년 중견기업인 오스템임플란트의 자금 관리 팀장은 2,215억 원을 횡령하여 주식에 투자하고 그 자금을 가족 계좌에 은닉했다. 그런가 하면 회사 자본금의 두 배가 넘는 돈을 빼돌린 경리 담당자, 수년간 아파트 관리비를 횡령한 경리과장 등 큰 기업 부터 작은 조직에 이르기까지 횡령 사건은 수없이 발생한다.

이러한 회계 부정 사건에는 정직하지 못한 CEO나 담당자 외에 회계를 맡은 법인이나 관리인도 포함되어 있었다. 한 조 직이 오랫동안 지속되고 발전하기 위한 가장 기본적인 요소는 조직 구성원 한 명, 한 명이 정직한 태도를 갖추는 것이다. 그 리고 조직을 책임지는 경영진과 관리자는 더 큰 책임감으로 외부의 이해관계자까지 철저히 검증하는 자세를 가져야 한다.

성급한 발전이나 눈앞의 이익보다 좀 느리더라도 매 순간 정직
함을 기반으로 나아가는 조직이라야 흔들림 없이 장기적 전망
을 세울 수 있다.

조직과 구성원은 운명 공동체다

어느 정도 경제적 안정을 이룬 동문이 모교에 발전 기금을
내는 경우를 볼 수 있다. 특히 미국에는 동문이 꾸준히 모교
에 기부하는 문화가 자리 잡고 있다. 모교에서 받은 교육이
자신의 성공에 도움이 되었다고 생각해서 감사의 표현으로 기
부하기도 하고, 후배들이 더 나은 교육을 받도록 돕고 싶은
사명감 또는 동문 네트워크의 형성과 유지 등 다양한 목적으
로 동문의 기부가 이루어진다.

그런데 모교에 기부하는 또 다른 흥미로운 목적은, 모교가
발전하고 명성을 쌓으면 졸업생인 기부자도 사회적으로 더 높
은 평가를 받기 때문이라고 한다. 학교의 발전이 졸업생의 개
인 브랜딩에도 영향을 미친다는 것이다. 명문 학교 출신이라는
사실은 자신이 속한 직업과 사회적 지위에서 경쟁력을 갖추는
데 도움이 된다. 졸업한 학교와 자신이 동일시되는 것이다. 이
러한 현상은 상위권 대학일수록 더욱 두드러진다. 이런 상관관
계 때문에 미국에서는 동문의 기부가 대학의 재정 안정과 지
속적 성장을 뒷받침하는 중요한 요소로 자리 잡고 있다.

최근 기업 현황을 대략 훑어만 봐도 기업 간 순위나 기업 내 조직의 순위가 끊임없이 바뀌고 있다는 사실을 알 수 있다. 산업계의 끝 순위에 있던 조직도 혁신하고 발전하면 앞 순위가 되고, 앞 순위에 있더라도 나태하고 변화를 감지하지 못하면 금방 도태해버린다. 우리 주변만 보더라도 주인이 바뀌거나 사라진 조직, 브랜드, 상품이 얼마나 많은가? 조직은 구성원의 노력뿐 아니라 변화하는 환경의 수용과 적응 여부에 따라 발전하기도 하고 쇠퇴하기도 한다. 조직과 구성원이 같은 운명체라는 사실을 빨리 깨닫는 사람일수록 조직에서 인정받고 성공할 확률이 그만큼 높다고 할 수 있다.

요점 정리 • • •

• 조직은 창업, 성장, 성숙, 쇠퇴, 재성장 혹은 해체라는 5단계 수명 주기를 통해 발전하거나 소멸하는데, 각 단계의 특성을 이해하고 실태를 파악하면 다가올 위기를 예측하고 선제적으로 대응함으로써 조직의 수명을 늘리고 성장할 수 있다.

• 개인 성향이 조직 규모, 특성과 잘 맞을 때 그 사람이 조직에서 성공할 확률은 더 높아질 수 있다. 또한 조직의 혁신 정도에 따라 조직의 규모는 얼마든지 빠르게 확대될 수 있다.

4장

새로운 조직의
등장과 변화

상사도 부하도 없는 조직의 등장

　조직은 내·외부의 환경 변화에 직접적인 영향을 받으며 변화해간다. 조직을 둘러싼 외부 환경이 어느 때보다 급격하게 변화하는 현재 상황을 볼 때, 미래의 조직은 빠른 속도로 상상을 뛰어넘는 모습을 보일 것으로 예상된다. 지금 막 나타나고 있는 조직의 변화와 그 특징부터 살펴보기로 한다.

　전통적으로 조직 내에서 상사는 조직의 목표 달성을 위한 전략 방향을 설정하고 의사 결정을 하는 권한과 책임을 갖는다. 부하는 조직의 일원으로서 상사의 지시를 받아 업무를 수행하며, 일반적으로 권한이 제한되어 있다. 그런데 요즘은 상사와 부하라는 전통적 위계에서 벗어나 사수와 부사수로 관계가 변화하는 추세다.

상사와 부하는 위계질서가 뚜렷하다. 상사가 명령하고 부하가 따르는 관계다. 이에 비해 사수는 업무를 먼저 경험한 사람으로서 신입 사원인 부사수를 가르치고 도와주는 멘토 역할을 한다. 부사수는 직속 선임자인 사수를 통해 업무뿐 아니라 팀의 문화와 동료 간 의사소통에 대해 배우며 성장할 수 있다. 사수와 부사수는 상사와 부하의 상하 관계보다 좀 더 수평적이고 우호적인 관계라 할 수 있다.

'고어텍스'로 잘 알려진 글로벌 소재 기업 고어W. L. Gore & Associates는 상사와 부하가 없는 독특한 조직 구조로 유명하다. 대신 고어에는 팀과 공동 작업을 하는 리더, 동료를 지원해주는 스폰서sponsor가 있다. 고어의 구성원은 서로를 동료associates라고 부른다. 리더와 스폰서는 동료의 성장을 돕고 역량 계발을 위한 조언을 하며, 동료 간의 긴밀한 의사소통과 포용적인 팀 문화를 조성하는 역할을 한다. 이러한 고어의 조직은 완전히 수평적이기보다 전문적 특성을 가진 독립 부서를 유지하면서 상호 협력하여 프로젝트를 수행하는 격자형 구조에 가깝다고 할 수 있다.

상사가 없는 극단적 수평 구조는 주로 IT나 플랫폼 기업에서 볼 수 있다. 반면, 제조업을 중심으로 한 전통 산업에서는 여전히 수직 관계가 더 효율적인 경우도 많다. 최근 기업들이 점점 더 수평적 구조로 전환하는 경향을 보인다. 이것은 청년 세대가 중시하는 조직의 자유롭고 유연한 문화 그리고 수평적인 의사소통을 반영하는 것이라고 할 수 있다.

💬 '바람의 나라' 넥슨의 수평적 조직문화와 성과

넥슨의 수평적 조직과 문화는 글로벌 게임 업계에서 혁신적 사례로 널리 알려져 있다. 넥슨이 수평 조직을 강화한 배경 중 하나는 게임 개발과 운영 과정에서 효율성을 극대화하고 창의와 혁신을 장려하기 위해서였는데, 스타트업 조직에서 주로 나타나는 빠른 피드백 루프 도입이 그 시작이었다.

1994년 26세였던 김정주는 대학 동기와 함께 넥슨을 설립했다. 넥슨의 대표작 '바람의 나라'는 1996년에 출시되었다. 이후 넥슨은 '어둠의 전설'(1998년)을 비롯해서 '메이플스토리'(2003년), '카트라이더'(2004년), '던전앤파이터'(2005년) 등 많은 히트작을 냈고, 최근 출시한 '퍼스트 디센던트'(2024년 7월)에 이르기까지 전 세계에 마니아 고객층을 확보하고 있다.

김정주 의장은 고정된 사무실보다 청바지에 편한 셔츠 차림으로 회사 근처 카페 등에서 노트북 하나를 들고 작업하곤 했다. 어느 날 밤 용무가 있어 사무실로 들어가려는데 그를 외부인으로 오인한 건물 관리인이 들여보내주지 않아 난감했다는 일화도 있다. 넥슨의 자유롭고 수평적인 조직 DNA는 바로 김정주 의장의 평소 자세와 철학에서 나온 것이 아닐까 싶다.

넥슨에서는 2010년에 직함 제도를 도입하기 전까지 서로의 이메일 아이디를 별명으로 불렀고 업무 중에도 직책에 상관없이 형, 누나라고 자연스럽게 불렀다고 한다. 넥슨은 프로젝트 기반으로 개발팀을 만든다. 신입 직원이라도 아이디어가 채택되고 그것을 실행할 역량이 되면 직책을 맡고, 프로젝트가 해체되면 팀장이나 실장도 다시 팀원이 된다. 이런 수평 조직 체계였기에 위와 같은 호칭이 자연스러웠을 것이다. 넥슨의 수평적 조직과 문화는 직원 채용이나 인턴십 모집에도 효과를 발휘하는 것으로 알려져 있다. 대학생 취업 선호도 조사에서 넥슨은 여러 차례 IT 벤처기업, 게임 기업 선호도 1위를 차지했다. 넥슨의 수평적 조직과 이에 따른 높은 성장은 다른 IT 기업에도 영향을 끼쳤다.

*출처: 권도영, 「넥슨의 수평적 조직문화와 인사 정책」, 『임금연구』 제21권 제2호(2013), pp. 92-98. 「넥슨, 2024년 채용형 인턴십 '넥토리얼' 채용 설명회 성황리에 마무리」, 『동아일보』, 2024년 10월 16일.

하이브리드 근무를 넘어 가상조직까지

업무 특성상 원격 재택근무가 이루어지던 소수의 기업을 제외하면, 대다수의 기업이 사무실 근무를 당연한 일로 받아들였다. 그런데 코로나19가 확산하면서 대부분의 기업이 재택근무나 원격근무를 시행했다. 이후 팬데믹이 진정되자 구글, 메타, 아마존 등 빅테크 회사들은 직원들에게 주 3일은 회사 사무실에서 근무하도록 권고했다. 이러한 회사 방침에 직원들은 반발하며 시위를 했고 심지어는 회사를 떠나기도 했다.

직원들은 사무실 근무가 성과와 직접적 관련이 없다는 주장을 폈지만, 이런 주장에도 불구하고 아마존은 2025년부터 재택근무를 완전히 없애고 주 5일 출근을 시행하겠다고 밝혔다. 아마존 CEO 앤드루 재시Andrew Jassy는 전일 출근을 의무화하면서 직원이 함께 일할 때 학습과 협업의 능률이 높았고 조직문화 측면에도 장점이 많았음을 강조했다. 이미 전일 출근을 시행하고 있는 실리콘 밸리의 기업들은 재시가 강조한 사무실 근무의 장점을 알고 있는 것으로 볼 수 있다. 그러나 집과 사무실을 병행하는 하이브리드 근무에 이미 익숙해진 데다가 유연한 문화를 원하는 젊은 개발자들이 사무실로 완전히 돌아가기란 쉽지 않아 보인다. 그래서인지 구글은 전일 사무실 근무를 의무화하지는 않고 재택근무를 하더라도 성과 유지는 필요하다는 것만 강조하고 있다.

한편, 아예 물리적 공간이 없는 조직이 속속 등장하고 있다. 2012년 설립된 미네르바대학교Minerva University는 캠퍼스가 없다. 학생들은 세계 여러 도시를 순회하며 수업을 듣고 체험하는 방식으로 공부한다. 캠퍼스, 교실, 연구실 등 대학의 전통적 구성 형식을 따르지 않고 모든 수업이 비대면, 소규모로 시행된다. 전공 영역도 문제 해결력, 비판적 사고, 글로벌 인식을 강조하는 혁신적 교육 모델로 설계되어 있다.

가장 변하지 않는 곳이라던 대학도 이전에 없었던 형식과 모델로 운영되고 있으니 변화의 최전선에 있는 기업 조직은 어떨까? 공간, 사람, 시설 등 물리적 요소가 사라지고 컴퓨터 네트워크에서 존재하는 가상의 공간, 가상의 구성원으로 이루어진 가상조직virtual organization이 더 광범위하게 운영되고 활용될 것이다.

사실 가상조직은 이미 오래전에 예측되었다. 가상기업virtual company을 비롯한 가상팀virtual team, 가상정부virtual government, 가상정당virtual party 등은 이미 활발히 시행되고 있으며 참여자도 점점 많아지고 있다. 오픈소스 소프트웨어 워드프레스 WordPress를 개발하고 운영하는 가상기업 오토매틱Automattic은 전 세계에 분산된 팀으로 구성되어 있으며 직원들은 원격으로 근무한다.

프리랜서와 기업을 연결해주는 글로벌 플랫폼 업워크Upwork Global Inc.도 온라인을 통해 프로젝트 전문가를 찾고 계약할 수 있도록 도움을 준다. 가상팀 깃허브GitHub는 개발자들이 코드 저장소를 공유하고 협업하는 플랫폼이다. 팀원들은 서로 다른 지역에서 협력하여 프로젝트를 진행한다.

가상정부, 가상정당은 디지털 공간에서만 존재하거나 운영되는 정부와 정당이다. 이들은 플랫폼을 통해 국경을 초월하여 정책을 논의하고 투표하며, 법을 집행하고 지지자를 결집한다. 이처럼 앞으로 다양한 종류의 더 많은 가상조직이 출현하고, 온라인과 네트워크를 통해 더 많은 일이 일어나고 해결될 것이다.

AI가 불러올 미래 조직의 모습

2024년 노벨 화학상은 단백질 구조를 예측하는 AI 도구를 개발한 사람들에게 돌아갔다. 구글 딥마인드DeepMind의 최고경영자이자 개발자인 데미스 허사비스Demis Hassabis와 수석 연구원 존 점퍼John Jumper, 그리고 워싱턴대학교 교수 데이비드 베이커David Baker가 그들이다.

노벨 물리학상도 학문 간 인공 신경망 연구를 수행한 존 홉필드John Hopfield 프린스턴대학교 명예교수와 제프리 힌턴Geoffrey Hinton 토론토대학교 명예교수가 받았다. 이들은 AI를 활용한 정보 데이터 저장 알고리즘 개발, 단백질 설계와 구조 예측 등의 융합 연구에 기여해왔다. 학계에서는 이례적으로 AI 연구자가 노벨상을 받았다는 사실에 놀라며, 향후 성과와 변화에 대한 기대를 나타냈다.

지난 2016년 딥마인드의 AI인 알파고AlphaGo는 이세돌 9단과 세기의 바둑 대결을 펼치면서 우리에게 알려졌다. 사람만의 영역이었던 바둑에서 알파고가 4:1로 승리하면서 AI에 대한 두려움과 기대가 생기기도 했다. 이후 AI 연구의 비약적인 발전으로 인해 AI 개발자와 연구자들이 2024년 노벨상까지 휩쓴 것이다.

AI의 발전과 더불어 미래의 조직과 사회는 어떻게 변화할까? AI의 발전과 활용은 분명히 조직의 구조나 운영 방식, 구성원의 역할과 성과에 혁신적 변화를 가져올 것이다. 가장 쉽게 예측되는 일은 이런 것들이다.

첫째, 인간과 AI가 협력하는 조직으로 인해 성과가 극대화 될 것이다. AI의 데이터 분석과 처리 능력이 사람의 창의력, 의사 결정, 문제 해결력과 결합하여 최고의 시너지를 내는 형태가 될 것이다. 특히 AI는 디자인, 예술, 개발 등 창의적 분야에서 초안, 아이디어, 새로운 스타일 등을 제안함으로써 작업의 효율을 높일 것이다.

둘째, AI가 실시간 데이터를 처리하고 블록체인을 통해 모든 거래와 결정을 기록함으로써, 자원 관리와 의사 결정이 더는 중앙에 집중되지 않는 자율 조직Decentralized Autonomous Organization: DAO이 확산될 것이다. 이에 따라 전통적 수직 구조에서 벗어나 권한이 분산된 수평적이고 자율적인 팀이 조직을 운영하게 되며 AI는 조직의 목표 설정, 자원 배분, 팀 간 조정을 자동화하고 최적화하는 역할을 할 것이다.

셋째, 무엇보다 AI는 개인의 업무 스타일, 능력, 역할에 맞는 맞춤형 환경과 목표를 제공함으로써 조직원 개개인이 더 높은 성과를 낼 수 있도록 도와줄 것이다. 이로 인해 개인의 역할이 변화하고 새로운 직무가 생성될 수도 있을 것이다.

2024년 10월 금호타이어는 디지털 트윈Digital Twin 시스템을 구축하고 가동을 시작했다고 밝혔다.[13] 디지털 트윈은 물리적 조직이나 시스템의 디지털 복제본인데, 실물 방식의 제품 개발 프로세스를 혁신하여 디지털 공간에서 가상제품을 개발하고 평가한다. 따라서 개발 기간을 단축하고 개발 비용을 절감하며 성능도 향상할 수 있다. 디지털 트윈 기술은 여러 사업 영역에서 조직 운영의 혁신적 변화를 끌어낼 것으로 기대된다.

AI의 발전으로, 글로벌 인재들이 국경을 넘나들고 경계를 파괴하면서 하나의 조직으로 협업하는 가상조직도 더욱 확대될 것이다. AI가 언어, 문화, 물리적 공간과 시간대를 극복하며 중요한 역할을 할 수 있기 때문이다. 그러나 AI의 발전으로 조직 형태가 바뀌고 자율성이 더 보장되며 각 영역의 경계가 파괴되는 획기적 변화가 일어나더라도 개인과 조직의 성과와 책임은 온전히 사람의 몫이 된다는 사실은 기억해야 한다.

요점 정리 ● ● ●

- 상사도 직급도 없는 수평 조직, 미네르바대학교처럼 물리적 공간이 없는 조직, 플랫폼에서만 만나는 가상조직이 속속 등장하고 있다. 미래의 조직은 상상을 뛰어넘는 모습과 속도로 변화될 것으로 예상된다.

- 앞으로 AI를 기반으로 영역의 경계가 파괴되고 탈중앙화와 더불어 공간과 시간을 극복한 가상조직이 더욱 확대될 것이다. 그러나 획기적인 변화가 일어나더라도 개인과 조직의 성과와 책임은 온전히 사람의 몫이 된다는 사실을 기억해야 한다.

5장

조직과
나의 이상적 핏 찾기

조직 핏은 쌍방향이 맞아야 한다

'조직 핏'은 개인의 특성, 가치, 능력 등이 조직의 방향, 구조, 문화 등과 일치하는 정도를 말한다. 나와 조직의 적합성, 곧 핏은 조직 생활의 만족도, 성과, 앞으로의 성장에 영향을 끼치는 중요한 요소다. 조직과 핏이 맞는 구성원이 높은 성과를 나타낸다는 연구가[14][15] 발표되면서, 기업들은 조직에 맞는 직원을 채용하기 위해 적성검사, 심층 면접과 토론, 직무 적합성 프로그램 등 다양한 방법을 사용하고 있다. 그런데 조직 적합성은 일방적이지 않고 쌍방향적이라는 특성을 갖는다. 조직도 구성원의 특성에 맞추도록 노력해야 하고, 개인도 조직에 적응하고 조직의 발전에 기여하도록 노력해야 한다. 서로 핏이 맞으면 시너지를 낼 수 있지만, 그렇지 못하면 서로에게 불행한 일이 된다.

　미국의 온라인 안경 전문 업체 워비 파커Warby Parker는 직원 개개인의 성향을 팀의 특성과 조율하여 맞춤형 업무 환경을 제공함으로써 효율성을 높이는 기업으로 알려져 있다. 워비 파커는 신입 사원이 조직에 잘 적응하고 안착할 수 있도록 지식, 기술, 문화를 익히고 지원하는 과정인 온보딩onboarding을 중시한다. 각각의 직원이 자신은 회사의 사명과 가치에 부합하는 가치 있는 사람이며 조직과 핏이 맞는다고 느끼도록 지원하고, 자신의 역할이 조직의 목표 달성에 어떻게 기여하는지 이해할 수 있도록 지속적으로 커뮤니케이션하여 자긍심을 갖도록 하고 있다. 워비 파커의 이러한 노력은 여러 조직에서 적극적으로 참고할 만하다.

나의 성향을 파악하는 여러 가지 방법

　'개인의 성향에 따라 선호하는 조직의 규모나 특성이 다를까?'라는 관심에 따라 경영학자와 심리학자, 관련 학술 단체는 개인의 성향 요소와 조직 유형의 적합성, 즉 핏에 관한 연구를 수행해왔다. 조직과 개인의 핏을 알아보는 방법은 주로 설문지에 개인이 응답한 결과를 분석하는 것이다. 개인의 성향을 크게 외향성, 책임감, 모험 선호, 안정성 등으로 분류하고 이러한 성향이 대규모 조직 또는 소규모 조직과 어떻게 잘 맞는지를 평가한 연구 결과들이 있다.

개인의 성향과 조직의 핏에 관한 구체적 설문지나 연구를 찾으려면 '조직 적합성organizational fit' 또는 '개인-조직 적합성person-organization fit'과 관련된 주제를 검색하여 선택하면 된다. 특히 최근에는 '개인-조직 적합성' 이론을 기반으로 개발된 설문지가 많이 사용된다. 이들 설문지는 개인의 성격 성향을 분석하고 그 성향이 특정 조직문화 또는 규모에 적합한지를 평가하는 데 사용된다. 또한 설문 결과는 조직의 규모와 개인의 성향, 성과의 상관관계를 파악하는 데 유용하다. 이를 통해서 한 개인이 대기업에서 더 잘 적응하고 발전할지, 혹은 스타트업이나 소규모 조직과 같은 유연한 환경에서 더 큰 성취감을 느낄지 개략적으로 파악할 수 있다.

설문지에는 성격 검사와 조직 적응도 문항들도 포함되어 있다. 우리에게 익숙한 'MBTIMyers-Briggs Type Indicator'에서는 16가지 성격 유형을 기반으로 개인이 더 선호하는 조직의 규모나 환경을 확인해볼 수 있다. 예를 들어 외향적인 사람은 대규모의 협력적 환경에 더 잘 적응하며, 내향적인 사람은 소규모 조직이나 유연한 팀을 선호한다고 알려져 있다. '개인-환경 적합성 설문지Person-Environment Fit Surveys'에서는 개인과 조직 간의 적합성을 평가하며, 개인의 성격과 조직의 규모, 조직문화, 업무 수행 방식 간의 매칭을 확인한다. '개인-조직 적합성 설문지Person-Organization Fit Surveys'에서는 개인의 가치, 성격, 선호도가 조직의 환경이나 문화와 얼마나 잘 맞는지를 평가한다. 개인의 특성에 따라 대규모 조직의 체계적 구조를 선호하는지,

소규모 조직의 유연성과 창의성을 더 좋아하는지를 분석하는 것이다.

'조직문화 평가 도구Organizational Culture Assessment Instrument'는 개인이 특정 조직의 문화와 얼마나 잘 맞는지 평가하는 도구로서, 설문 응답을 통해 조직의 규모와 문화가 개인의 성향과 일치하는지 분석할 수 있다.

'빅5 성격 테스트Big Five Personality Test'에서는 성격의 5가지 요소인 개방성, 성실성, 외향성, 친화성, 신경증적 안정성을 측정한다. 각 요소에 속한 문항을 통해 개인이 특정 행동이나 감정을 얼마나 자주 경험하는지를 물은 후, 대규모 조직의 체계성과 안정성을 선호하는지 소규모 조직에서 요구되는 유연성과 창의성을 선호하는지를 분석한다. 아래는 일반적으로 사용되는 문항 유형의 예다.

- 개방성: "나는 새로운 아이디어에 열린 마음을 가지고 있다."
- 성실성: "나는 시작한 것을 마무리한 후, 일과를 끝낸다."
- 외향성: "나는 많은 사람 사이에서 에너지를 얻는다."
- 친화성: "나는 다른 사람들과 잘 협력하는 편이다."
- 신경증적 안정성: "나는 자주 스트레스를 받는다."

이 테스트는 다양한 버전으로 제공된다. 240문항짜리 검사부터 10문항으로 구성된 간략한 버전도 존재한다. 웹사이트(openpsychometrics.org)에서 50문항에 실제로 응답하고 결과를 얻을 수 있다.

위에서 언급한 설문지들은 공통적으로 조직 규모에 대한 개인의 선호도를 평가하고, 그 결과를 바탕으로 개인에게 적합한 조직 규모나 형태를 제안한다. 자신이 선호하는 조직의 특성을 알고 싶은 사람은 위의 설문지 중 한두 개를 활용하면 좋다. 그러나 이러한 설문 결과가 정확히 나의 선호도를 설명한 것은 아니므로, 종합적으로 자신의 상황을 고려하여 내 역량을 최대한 발휘하고 만족할 수 있는 조직을 선택하는 것이 바람직하다.

나에게 맞는 조직 형태와 환경 찾기

학교를 졸업한 후 사회 조직에 처음 발을 디뎠을 때의 두려움과 기대는 시간이 많이 흘러도 또렷이 기억된다. 초등학교부터 시작된 긴 학업을 마친 뒤에 사회로 나와 회사에 입사한 사건은 제2의 탄생과도 같다. 그런데 내게 맞는 조직의 규모, 특성, 환경 등을 생각지 않고 당시의 상황에 따라 급하게 조직 생활을 시작했을 때 조직에서 만족하고 성공할 확률은 의외로 높지 않다. 성공이나 실패의 극단적 영역에 속하지 않더라도, 그저 영혼 없이 생계를 위해 다니거나 임시로 다니는 조직에서는 떠날 기회만 찾게 된다. 이는 개인과 조직 모두에게 다 불행한 일이다. 특히 개성이 강하고 자기 주관이 뚜렷한 20대가 자신의 성향에 대해서나 조직의 특성에 대해 이해가 부족한 상태라면 조직 생활에서 만족하거나 발전할 가능성이 적다고 봐야 한다.

많은 사람이 알고 있듯이, 로널드 웨인은 애플의 창업자 세 명 중 한 명이었다. 웨인의 역할은 주로 회사의 법적 문서를 작성하고, 과거 창업했던 경험을 바탕으로 애플의 초기 운영을 자문하는 일이었다. 창업 초기의 위험성을 잘 알고 있던 웨인은 제품 개발을 위해 잡스가 대출을 얻으려 하자 재정적 책임의 부담을 느끼게 되었다. 당시 애플의 성공은 불확실했다. 개인 자산까지 위험에 드러내고 싶지 않았던 그는 결국 애플이 창립된 지 불과 12일 만에 자신이 받은 지분 10퍼센트 전부를 단 800달러에 매각하고 회사를 떠났다. 나중에 이 지분은 수억 달러의 가치가 되었으므로 웨인의 결정은 역사상 가장 큰 기회 상실 중 하나로 꼽힌다. 그러나 정작 웨인 자신은 여러 인터뷰에서 그때 결정에 대해 후회하지 않는다고 말했다. 만약 애플에 남아 있었더라면 스트레스와 불안을 감당할 수 없었을 것이며, 자신은 회사를 떠난 후 평온한 삶을 추구하게 되었다고 설명했다. 웨인의 사례는 창업 초기의 어려움뿐 아니라 조직의 특성과 개인의 성향, 미래를 보는 시각과 판단과 관련하여 종종 언급된다.

그런가 하면 창업한 지 10년이 채 되지 않은 기간에 안정된 조직으로 이끈 청년 CEO, 중견 또는 대기업 조직에서 주요 보직을 맡아 조직을 발전시킨 청년 후반 세대의 임원 또한 주위에서 어렵지 않게 찾아볼 수 있다. 어떤 조직에서든 자신의 성향을 알고 조직의 특성을 분석하여 전문성과 열정으로 노력할 때 성과가 나타난다.

내가 원하는 조직을 만드는 것도 방법이다

'100세 시대'란 말은 이제 별 느낌이 없을 정도로 흔해졌다. 장례식장에 가보면 돌아가신 분의 연세가 대체로 90대다. 그래서 회사나 기관에서 퇴임한 후에도 자신의 경험과 전문성을 활용할 제2의 인생을 계획하는 사람이 많다. 물론 길어진 삶에서 처음부터 용기를 내어 창업에 뛰어드는 청년, 심지어 청년 이전 세대도 있다.

김 박사는 식품공학을 전공했다. 대학 재직 당시 학자로서 명성이 높았을 뿐 아니라, 산학 협력 차원에서 식품회사 신제품의 맛과 소비자 선호도에 관한 자문과 공동 연구를 수행했다. 김 박사는 정년퇴직 후 집에 사무실 한 칸을 차려 1인 회사를 창업했다. 회사나 기관의 요청으로 프로젝트를 수행한다. 필요할 때는 석사나 박사 졸업생을 계약직으로 채용하여 함께 일하기도 하며, 세미나를 개최해 최신 정보나 통계 기법이 담긴 자료집을 제공하고 참가자들에게 자신의 전문성과 노하우를 전달한다. 최근에는 정부 기관의 농산물 품질 평가에 관련된 프로젝트를 받아 수행하고 있다. 이 일로 매주 1, 2회씩 지방을 오가지만 피곤함보다는 보람을 느끼며 활기찬 인생 2막의 길을 다시 걷고 있다.

갖은 고생을 하다 60대 중반에 KFCKentucky Fried Chicken를 창업한 할랜드 샌더스Harland Sanders, 1890~1980의 이야기는 나이를 잊은 도전과 끈기의 성공 사례를 보여준다. 샌더스는 젊은 시절에 다양한 직업을 가졌지만 성공하지 못했다. 그는 1930년대 켄터키주 코빈의 작은 주유소에 딸린 식당에서 11가지 허브와 향신료를 넣은 닭을 압력솥으로 조리해 팔았는데, 이 메뉴는 입소문으로 유명해졌다. 이후 미국의 도로망이 확장되면서 식당 운영에 어려움을 겪게 되자 샌더스는 프랜차이즈 모델로 전환했다. 식당을 직접 운영하지 않고, 자신의 조리법을 사용하는 대가로 로열티를 받는 방식을 택한 것이다.

1952년 유타의 한 레스토랑과 처음 프랜차이즈 계약을 맺은 후 차를 타고 미국 전역을 돌면서 닭 요리를 시연하고 프랜차이즈를 모집했는데, 대성공을 거두었다. 그는 1964년 KFC를 200만 달러에 매각했으나 맛에 관해서는 계속 자문을 받으며 영향력을 행사했다고 한다. 샌더스는 60대 중반에 창업해서 글로벌 기업을 만들었다. KFC는 현재도 세계적으로 유명한 패스트푸드 체인으로 남아 있다.

김 박사나 샌더스와 달리 20대 초반에 창업하여 현재 K-뷰티 수출에 앞장서고 있는 청년 CEO의 사례도 있다. 김병훈 대표는 대학생 때인 2014년에 이주광 전 공동 대표와 함께 '이노벤처스'를 창립했다. 두 사람은 이미 서비스업체와 중개 애플리케이션을 개발해 론칭한 경험이 있었다. 창립한 다음 해에 1020세대를 겨냥한 화장품 '에이프릴스킨'을 론칭하면서 회사명도 같은 이름으로 바꾸었다. 이후 다양한 화장품, 건강식품, 패션 브랜드를 론칭했고 투자 유치도 성공적으로 해냈다. 사업 확장 과정 중 반려동물 사업에서는 실패도 겪었지만, 2017년 회사명을 '에이피알APR'로 변경하고는 발전을 거듭하고 있다.

에이피알은 창업 10년 만인 2024년 2월에 상장했으며, 크게 화장품과 뷰티 디바이스를 주력으로 사업을 운영하고 있다. 2025년 10월 2일 현재 시가총액 약 9조 5,400억 원, 매출액 약 7,230억 원을 달성했다. 창업 초기에 직원 평균 나이가 29세였는데, 타깃 고객과 같은 연령대의 직원을 회사의 경쟁력으로 삼았다. 젊은 직원이 SNS로 고객과 직접 소통하고 개발에 참여하여 고객이 원하는 제품을 바로 선보인 것이 회사의 성공 요인으로 평가된다.[16] 현재 단독 CEO인 김병훈 대표의 경영 철학은 제품 기술력을 갖추고 능력을 우선시하는 조직을 키우는 것이라고 한다.

고등학생 때 창업을 하고 지금은 게임 개발자로 일하는 청년의 사례도 있다. 전우성 군은 어릴 때부터 학업 성적이 우수했다. 그런데 인문계 고등학교를 거쳐 대학에 진학하는 길을 택하지 않고 특성화고등학교로 진학했다. 자기가 좋아하는 일을 하기 위해서였다. 전 군은 한국디지털미디어고등학교 2학년 때 음성 명령 실행 앱인 '스피릿SPEERIT'을 개발했다. 이것이 정부의 '청년 프런티어 창업 지원 사업'에 선정되어 투자를 받은 뒤에는 '뷰와이드 인터랙티브'라는 앱 개발사를 창업했다. 전 군은 초등학교 때 게임 개발 도구RPGXP를 처음 접한 후 앱 개발을 시작했다. 혼자서 앱이나 게임을 개발하기엔 어려움이 있어 온라인 커뮤니티를 개설하고 공동 관심사를 가진 사람들과 함께 작업을 했다. 이들 가운데 전 군이 대표이사를 맡고, 다른 동아리 회원이 개발이사와 기획이사를 맡으면서 창업한 것이다.[17]

전 군 부모님의 직업은 대기업 연구소장과 대학교수라고 한다. 부모님은 특성화고등학교에 진학해 관심 있는 일을 먼저 배우고 대학은 나중에 가겠다는 아들의 말에 처음엔 걱정을 많이 했다고 한다. 그러나 자기가 좋아하는 일을 할 때 행복하다는 아들을 믿고 원하는 특성화고등학교에 입학하는 데 동의했다. 전 군은 다른 게임 회사에도 다니며 경험을 쌓았고, 이후 체계적인 공부를 하기 위해 대학에 진학했다. 넥슨과 같은 게임 회사를 설립하는 것이 꿈인 전 군은 현재 '좀비고등학교' 게임 개발자로 일하고 있다.

창업을 생각한다면

이처럼 창업을 시작하는 나이에는 제한이 없다. 특히 청년에겐 스스로 원하는 조직을 만들어서 키워볼 무한한 가능성이 열려 있다. 그렇지만 창업을 생각할 때 최소한의 필수 요소는 준비하고 유념할 필요가 있다.

무엇보다 창업자의 역량과 의지, 시장과 산업의 기회, 네트워크와 자본은 창업의 필수 요소다. 이 중에서도 창업자의 개인 역량은 성패를 좌우할 정도로 중요한 요소다. 창업에 대한 확신과 열정, 위험을 감수할 수 있는 정신력과 자세, 작은 조직이지만 흔들림 없이 이끌 리더십이 특별해야 한다. 그래야만 예상치 못한 어려움이 닥쳐도 감당하고 위험을 관리할 수 있다. 창업 초기에는 소수 인원이 동시에 여러 역할을 해내야 하므로 창업자는 이들을 잘 이끌어 협업할 수 있도록 능력과 지도력을 발휘해야 한다.

다음으로 창업 아이디어나 제품이 시장에서 필요하고 경쟁사와 차별화된 것인지, 향후 성장할 시장 규모는 어떠한지 등을 철저히 분석하고 실행할 전략이 필요하다. 이를 위해서는 다양한 디지털 역량을 활용하고 자문받을 수 있는 전문가, 멘토의 네트워크도 구성되어야 한다. 그리고 제품 생산과 회사 운영에 필요한 초기 자본을 확보해야 하고, 이후의 명확한 자금 조달 방법이나 재정 계획이 필요하다. 창업에 필요한 행정적, 법적 서류나 등록 준비도 기본 사항임은 말할 것도 없다.

이러한 필수 요소를 갖추었더라도 청년 창업자는 더 준비하고 더 신중할 필요가 있다. 청년 창업자는 어떤 세대보다 열정적이지만, 상대적으로 초기 자금 조달이 쉽지 않고 진입 장벽도 여전히 높다는 어려움을 겪는다. 따라서 관련 시장과 재정을 더 철저히 분석하고, 지속적인 학습과 실행을 통해 성공 가능성을 높여야 한다. 특히 청년이 잘할 수 있는 IT, AI, 블록체인 등 최신 지식과 기술을 배워서 활용하고, SNS와 플랫폼 등을 통한 디지털 마케팅 역량을 이용해 제품과 서비스 홍보를 최소 비용으로 운영할 필요가 있다.

청년은 아무래도 한정된 인적·물적 자원을 활용하여 작은 규모로 시작하겠지만, 틈새시장niche market에 집중하여 성과를 낼 수 있다. 무엇보다 단기적 이익이나 성패에 휘둘리지 말고 큰 비전의 장기 목표를 세워 사업의 지속 가능성을 중시할 필요가 있다. 작은 실패를 두려워하지 말아야 한다. 실패를 통해 학습한다는 자세를 가지고 다른 창업자의 경험을 공유하며 협업 기회를 찾을 수 있다. 청년에 대한 사회의 기대가 큰 만큼, 창업 지원 기관과 멘토링 프로그램의 도움을 받으면서 조직을 서서히 키울 수 있다. 청년이라는 것 자체가 가장 큰 역량이자 자산이다. 창업을 꿈꾸는 청년에게 넷플릭스 창업자 헤스팅스의 말을 들려주고 싶다.

"대부분의 창업 아이디어는 미친 소리처럼 들리고, 어리석고 비경제적으로 들릴 수도 있겠지만, 결국에는 옳다고 밝혀진다Most entrepreneurial ideas will sound crazy, stupid and uneconomic, and then they'll turn out to be right."

요점 정리 ● ● ●

• 조직 핏은 쌍방향적 특성을 갖는다. 조직도 구성원의 특성에 맞추도록 노력해야 하고, 개인도 조직에 적응하고 조직의 발전에 기여하도록 노력해야 한다.

• 청년의 창업은 대부분 소규모로 시작하겠지만, 틈새시장에 집중하면 기대 이상의 성과도 낼 수 있다. 그러나 단기적 이익이나 성패에 휘둘리지 말고, 큰 비전의 장기 목표를 세우고 사업의 지속 가능성을 중시할 필요가 있다.

6장

청년세대와 조직

우리는 왜 조직에 속해야 할까

모든 사람은 조직 속에서 살고 있으며, 조직은 삶과 직간접적으로 연관되어 있다. 2024년 출간된 책 『찬란한 멸종』(이정모, 다산북스)에서 저자는 흥미로운 주장을 했다. 지구에서 약 40만 년 동안 생존하고 사라진 네안데르탈인은 호모사피엔스에 비해서 매우 작은 공동체, 곧 작은 조직을 이루고 살았는데 이로 인해 사회성이 부족하고 결속력도 약하고 수명이 짧았다고 한다. 조직의 규모와 상호 결속력은 구성원의 수명과도 직결된다는 것이다. 이러한 연관성이 아니더라도 청년에게 조직은 꼭 필요하고 중요한 존재다.

청년에게 조직이 필요한 이유는 조직을 통해 자신이 원하는 것을 이루며 발전할 수 있기 때문이다. 조직은 다양한 성격과 능력을 갖춘 사람으로 구성되어 있다. 따라서 조직이 추구하는 목적을 구성원과 함께 이루는 과정에서 많은 것을 배우고 경험하게 된다. 지혜로운 사람은 다른 구성원을 경계하고 의심하기보다 선의의 경쟁을 펼치며 학습하는 대상으로 여긴다. 이러한 마음과 자세를 통해 더욱 발전할 수 있기 때문이다.

구성원은 조직의 움직임을 통해 변화하는 환경을 파악하고 적응력을 기르게 된다. 지금은 과거 어느 때보다 변화 속도가 빠르다. 미래는 현재로서는 상상할 수 없는 격변으로 다가올 것이다. 이러한 변화에 혼자서 대응하며 문제를 해결하기란 쉽지 않다. 조직과 함께 판단하고 해결할 때 더 효율적인 의사결정을 할 수 있고 문제 해결 능력이 향상된다.

그뿐 아니라 조직에 속해 일하다 보면 자신의 조직과 연계된 다른 조직을 알게 되고, 또 다른 조직을 경험하게 된다. 이러한 경험을 통해 더 발전된 새로운 조직을 설계해볼 수 있으며, 나아가 독립하여 조직을 만들 수 있는 역량까지 키울 수 있다.

자신의 목표와 조직의 비전이 같은 방향일 때 조직은 자아를 실현할 최적의 장소이며 나의 발전을 돕는 학습의 장이 된다. 처음 사회에 발을 내딛는 신입직원은 조직에 대해 배우는 자세로 임해야 한다. 조직에서 경험을 쌓은 경력자는 신입직원을 격려하고 조직의 목표 달성에 동참하는 역할을 할 수 있다. 시간이 흘러 이들이 조직의 리더가 되면 조직의 비전과 요구를 앞서 수행하며 구성원을 이끄는 책임을 다하게 된다. 이렇게 건강한 구성원으로 이루어진 조직은 구성원 개개인과 더불어 지속적으로 발전해나갈 가능성이 크다.

조직의 발전은 나와 상관이 없을까?

끝으로 내가 젊은 시절에 경험한 얘기를 잠깐 나누고 싶다. 나는 1980년대 후반에 긴장된 마음과 두려움, 한편으로는 큰 꿈을 가지고 미국으로 유학을 떠났다. 그때까지만 해도 우리 나라 경제는 지금과 비교가 되지 않을 정도로 규모가 작았다. 대학원 기숙사에서 검소하게 살았지만 최소한의 가전제품은 있어야 했기에 할인 기간을 기다렸다가 당시 인기 가전 매장 이었던 '베스트 바이Best Buy'와 '아메리칸 티브이 앤드 어플라이 언스American TV & Appliance'에 들렀다. 두 곳에 들른 이유는 가격 을 비교하여 최저가에 사기 위해서였다.

두 곳 모두 맨 앞줄에는 소니Sony와 파나소닉Panasonic 제품 이, 다음번 줄엔 산요Sanyo와 RCA 등의 브랜드가 진열되어 있 었다. 삼성 제품은 제일 뒷줄에 있었다. 애국심도 발동하고 현 실적 비용도 고려하여 삼성 텔레비전을 산 후 기숙사로 돌아 왔다. 이때 뭔가 부자가 된 듯한 마음과 동시에 일본의 위상 에 주눅 들었던 기억이 난다.

학기가 시작되면서 기숙사 뒤쪽 주차장에 차들이 꽉 찼다. 가끔 창밖을 내다보면 유독 눈에 띄는 예쁜 빨간색 소형차 가 늘 앞줄에 주차되어 있었다. 우리나라에서도 인기를 끌었

던 기아의 프라이드였는데, 미국에서는 페스티바Festiva라는 브
랜드로 도로 위를 달리고 있었다. 어느 날 그 자동차에서 내
리는 백인 학생을 보면서 마음이 뿌듯했다. 당시에는 토요타
Toyota, 혼다Honda, 닛산Nissan 같은 일본 자동차 브랜드가 미국
에서 최고 인기를 끌었기 때문이다.

시간이 흘러 유학 생활을 마친 후 대학으로 돌아왔다. 학회
참석차 파리에 갔을 때, 마침 전시회가 열리고 있던 퐁피두 센
터를 방문했다. 그때 깜짝 놀랐다. 센터 내 배치된 검색기, 모
니터 등이 모두 삼성 제품이었다. 그때의 감동은 지금도 생생
하다. 나는 아직도 세계 여러 나라를 방문할 때 길거리 자동
차들을 살펴본다. 우리나라 자동차가 얼마나 많이 달리고 있
는지 무의식적으로 확인한다. 우리나라 제품이 나의 브랜딩이
기 때문이다.

청년이 커리어를 어떤 조직에서 시작할지는 각자의 선택에
달렸다. 삼성그룹은 이병철 회장의 삼성상회라는 소규모 가게
에서 시작되었고, 자동차 수리 센터를 운영하던 정주영 회장
은 마침내 현대자동차를 포함한 대기업을 일구었다. 이전에는
창업자가 대기업을 이루기까지 수십 년이 걸렸지만 지금은 분
야에 따라 창업 후 짧은 기간에 중소기업이 되고 중견기업이
되기도 한다. 특히 진입 장벽이 낮은 전문 분야에서 아이디어
가 새롭고 IT 전문성이 받쳐주면 곧 중견기업으로 성장하는
경우가 많다. 배달의 민족, 야놀자, 무신사, 크래프톤 등 많은
사례를 찾아볼 수 있다.

요즘 청년세대가 우리나라 1세대 경영자의 기업가 정신과

그 삶에 관심을 가지고 배우려 한다는 기사를 읽었다. 청년들이 관련된 미디어 자료를 찾고 그들의 생가를 방문하기도 한다는 것이다. 이 기사를 읽으면서 1세대든, 2세대든, 청년세대든 조직을 만들고 운영하며 성장하려는 정신은 같은 맥락이라는 생각이 들었다. 정주영 회장의 "야, 해보기는 했어?"라는 도전 정신, 신격호 회장의 "거기 가봤나?"라는 현장 경영, 이건희 회장의 "마누라와 자식 빼고는 다 바꿔!"라는 조직 혁신은 지금의 신입 청년, 팀장, 리더 등 어느 직책의 사람에게도 꼭 필요한 자세이며 정신이다.

평균 나이를 고려해보면 청년 후반 세대는 이미 직장인으로서의 경험이 꽤 쌓여 벌써 팀 리더인 경우가 많을 것이다. 더 나아가 조직에서 쌓은 경험을 바탕으로 독립을 꿈꿀 수도 있겠다. 어떤 상황에서든 청년세대는 더 나은 성과를 내기 위해 조직의 비전과 가치를 깊이 이해하고 이러한 조직의 방향에 맞춰 자신의 역할을 강화할 필요가 있다. 자신이 조직에 얼마나 기여하고 있는지, 어떻게 하면 조직의 발전 방향에 부합할지 수시로 점검해보자.

청년세대 중 많은 수가 조직에 갓 입사했거나 나에게 맞는 조직을 찾고 준비하는 과정에 있을 것이다. 비교적 빨리 조직 생활을 시작했다면 이미 조직의 쓴맛을 겪는 중일 수도 있겠다. 이런 여러 상황에서도 신입직원에게 가장 필요한 사항은 조직의 목표에 자신의 역량과 역할을 연결 짓는 능력을 키우는 일이다. 다시 말해, 조직이 자신에게 기대하는 것이 무엇인지 정확히 파악하고 그 실행 방안을 찾아 솔선수범할 필요가 있다. 내가 맡은 역할이 조직의 성공과 연결된다면 이보다 의미 있는 일은 없을 것이다.

청년세대는 디지털 네이티브digital native 세대로서 온라인 의사소통에 익숙한 장점이 있다. 반면, 조직의 형식적이고 대면이 필요한 의사소통에는 미숙할 수 있다. 조직에서 적응하고 성공하는 데는 상사와 동료의 관계가 적잖은 영향을 미친다. 조직 내 의사소통 방법을 배우고 협업을 통해 다양한 네트워크를 구축하려는 노력도 필요하다.

청년세대는 디지털 전환이라는 큰 변화를 겪어왔고, 어떤 세대보다 변화에 빠르게 적응하는 능력이 뛰어나다. 따라서 조직 속에서 변화를 더 적극적으로 받아들이고, 새로이 도입되는 기술이나 업무 처리 방식에 끝없이 관심을 가지고 학습할 필요가 있다. 특히 AI와의 협업, 빅데이터 분석, 자동화 기술 같은 분야를 학습하여 전문성을 높임으로써 조직 내에서 좋은 기회를 맞을 수도 있다.

어떤 상황, 어떤 장소에서든 청년세대는 조직의 희망이며 장차 중심 역할을 할 재원이다. 기업에서는 차세대 경영인을 준비하는 세대이고, 국가 차원에서는 앞으로 나라를 짊어지고 중요 의사 결정에 힘을 보탤 인재다. 이러한 역할을 맡은 청년세대는 자기가 속한 조직의 특성을 이해하여 조직이 발전해나가는 데 기여하면서 자신도 함께 발전해야 한다. 조직의 발전이 나의 발전이고, 나 자신의 발전이 가정과 국가 발전의 초석이 되기 때문이다.

요점 정리 ● ● ●

• 청년세대는 디지털 전환이라는 큰 변화를 겪어왔고, 어떤 세대보다 변화에 빠르게 적응하는 능력이 뛰어나다. 따라서 조직 속에서 변화를 더 적극적으로 이끌고, 새롭게 도입되는 AI 기술이나 업무 처리 방식에 끝없이 관심을 가지고 학습할 필요가 있다.

▶ **우리 조직의 수명 주기 진단하기**

"우리 조직은 지금 어느 단계에 있을까?"

각 문항의 설명이 현재 조직(또는 지원하려는 조직)의 특징과 일치하는 정도를 점수로 표시해주세요.
(1점:전혀 그렇지 않다, 2점:그렇지 않다, 3점: 보통이다, 4점: 그렇다, 5점: 매우 그렇다)

PART 1. 창업 단계

1 명확한 조직도나 업무 분장이 없거나 자주 바뀐다. `| 5`

2 공식적인 규정이나 매뉴얼이 거의 없고, 상황에 따라 즉석에서 결정한다.
`| 5`

3 창업자(대표)가 거의 모든 주요 의사 결정을 한다. `| 5`

4 직원들이 자신의 직무 외에도 여러 역할을 동시에 수행한다. `| 5`

5 "일단 해보자"는 식의 빠른 실행이 우선이고, 실패해도 빠르게 방향을 바꾼다. `| 5`

PART 1 소계 `| 25`

PART 2. 성장 단계

1 직원 수가 빠르게 증가하고 있다. `| 5`

2 새로운 팀이나 부서가 자주 생기고, 조직 구조가 계속 변한다. `| 5`

3 신규 사업이나 프로젝트가 자주 시작된다. `| 5`

4 프로세스나 규정을 만들려고 시도하지만 아직 정착되지 않았다. `| 5`

5 의사소통 문제, 일정 지연 등의 문제가 있지만 전체적으로 활기차다.
`| 5`

PART 2 소계 `| 25`

PART 3. 성숙 단계

1 조직도, 직무 기술서, 업무 프로세스가 명확하게 문서화되어 있다. | 5

2 의사 결정이 규정과 절차를 따라 이루어진다. | 5

3 승진, 평가, 보상 체계가 명확하고 예측이 가능하다. | 5

4 부서 간 역할과 책임이 명확하게 구분되어 있다. | 5

5 변화보다는 안정적인 운영과 효율성을 우선시한다. | 5

PART 3 소계 | 25

PART 4. 쇠퇴 단계

1 매출이나 시장 점유율이 정체되거나 감소하고 있다. | 5

2 주요 고객이나 핵심 인재가 떠나고 있다. | 5

3 경쟁사 대비 뒤처지고 있다는 위기감이 있다. | 5

4 비용 절감이나 구조 조정에 관한 이야기가 자주 나온다. | 5

5 구성원들의 사기가 낮고, 불안감이나 불만이 많다. | 5

PART 4 소계 | 25

PART 5. 재성장 단계

1 최근 대대적인 조직 개편이나 전략 변경이 있었다. | 5

2 새로운 사업 모델이나 시장 진출을 시도하고 있다. | 5

3 디지털 전환, 혁신 프로젝트 등 변화 이니셔티브가 활발하다. | 5

4 과거의 관행을 버리고 새로운 방식을 도입하려는 분위기다. | 5

5 구성원끼리 변화의 필요성을 얘기한다. | 5

PART 5 소계 | 25

| 총점 계산 | 비율 계산 방법 (받은 점수÷만점)×100

PART	점수(점)	만점(점)	비율(%)
PART 1: 창업 단계		25	
PART 2: 성장 단계		25	
PART 3: 성숙 단계		25	
PART 4: 쇠퇴 단계		25	
PART 5: 재성장 단계		25	

| 결과 해석 |

가장 높은 비율(%)의 파트가 현재 조직의 단계입니다.

PART 1: 창업 단계

총점 80% 이상(20점 이상) 전형적인 창업 초기 조직입니다. 창업자 중심의 비공식적 조직으로 유연하나 불확실성이 높습니다.

총점 60~79%(15~19점) 창업 단계이지만 일부 체계화가 진행 중입니다.

총점 60% 미만(15점 미만) 창업 단계를 벗어나고 있습니다.

PART 2: 성장 단계

총점 80% 이상(20점 이상) 빠르게 성장하는 조직입니다. 빠른 확장, 높은 에너지, 체계화 시도, 성장통, 잦은 변화의 특징이 있습니다.

총점 60~79%(15~19점) 성장 중이지만 일부 안정화 단계입니다.

총점 60% 미만(15점 미만) 성장 단계가 아니거나 성장이 둔화되고 있습니다.

PART 3: 성숙 단계

총점 80% 이상(20점 이상) 안정적이고 체계적인 조직입니다. 예측 가능, 효율성 중심이라는 특징이 나타나고, 동시에 느린 의사 결정, 혁신 부족, 경직성이라는 단점이 있습니다.

총점 60~79%(15~19점) 체계적이지만 어느 정도 유연성이 있습니다.

총점 60% 미만(15점 미만) 아직 성숙 단계에 도달하지 않았거나 쇠퇴 중입니다.

PART 4: 쇠퇴 단계

총점 60% 이상(15점 이상) 위기에 처한 조직일 수 있습니다. 성과 하락, 불안정, 낮은 사기, 구조 조정 가능성, 이직 증가의 특징이 나타납니다.

총점 40~59%(10~14점) 일부 어려움이 있으나 위기 단계는 아닙니다.

총점 40% 미만(10점 미만) 쇠퇴 징후가 적습니다. 양호한 상태입니다.

PART 5: 재성장 단계

총점 75% 이상(19점 이상) 변화와 혁신을 추구하는 조직입니다. 대대적 변화, 새로운 시도와 기회, 높은 에너지, 불확실성, 높은 스트레스가 특징입니다.

총점 50~74%(13~18점) 변화 중이지만 완전한 재성장 단계는 아닙니다.

총점 50% 미만(13점 미만) 재성장 시도가 미미합니다.

| 마무리: 조직의 수명 주기 단계와 핏의 핵심 |

- 조직도 생명체처럼 주기적으로 단계가 변한다. 몸담은 조직이 입사 때와 다른 단계로 이동할 수 있다.
- 조직 단계와 핏의 미스매치는 불행의 시작이다. 나는 성숙 단계 체질인데 창업 단계인 조직에 있으면 서로 불행하다.
- 단계별 경험은 모두 가치 있다. 다양한 단계 경험이 경력의 폭을 넓혀준다.
- 정답은 없다. 나에게 맞는 조직의 수명 주기 단계를 선택하는 것이 최선이다. 나의 에너지가 조직의 성장 속도와 맞물릴 때 진짜 '조직 핏'이 완성된다.

6개월마다 이 체크리스트를 재평가하여
조직의 변화와 나의 적합성을 점검하세요.

"나는 어떤 규모와 형태의 조직에 가장 적합할까?"

각 문항에서 설명하는 조직의 규모와 형태의 핏에 나와 가장 맞는 점수를 써주세요.
(1점: 전혀 그렇지 않다, 2점: 그렇지 않다, 3점: 보통이다, 4점: 그렇다, 5점: 매우 그렇다)

PART 1. 대규모 조직 적합성

1 명확한 조직 체계와 규정 속에서 일하는 것이 편하다. | 5

2 전문화된 역할과 세분화된 업무를 선호한다. | 5

3 승진과 경력 경로가 명확하게 제시되는 것이 중요하다. | 5

4 다양한 부서, 많은 동료와 네트워킹하는 것을 즐긴다. | 5

5 브랜드가 있는 큰 조직에서 일하는 것에 자부심을 느낀다. | 5

PART 1 소계 | 25

PART 2. 소규모 조직 적합성

1 내 기여가 조직 전체에 직접적으로 보이는 것이 중요하다. | 5

2 경영진과 가까운 거리에서 소통하고 싶다. | 5

3 의사 결정 과정에 직접 참여하고 영향을 미치고 싶다. | 5

4 다양한 역할을 동시에 수행하는 것이 즐겁다. | 5

5 긴밀한 팀워크와 가족 같은 분위기를 선호한다. | 5

PART 2 소계 | 25

PART 3. 대소 혼합 규모 조직 적합성

1 대기업의 안정성과 스타트업의 역동성을 동시에 원한다. | 5

2 독립적인 사업부나 자회사 형태의 조직 구조가 매력적이다. | 5

3 전문성은 깊게, 역할은 다양하게 수행하고 싶다. | 5

4 상황에 따라 체계적/유연한 업무 처리 방식으로 전환할 수 있다. | 5

5 조직 내에서 규모가 다른 팀/프로젝트 간 이동이 잦아도 괜찮다. | 5

PART 3 소계 | 25

PART 4. 수평적 조직 적합성

1 직급과 상하 관계보다 역할과 책임이 중요하다. | 5

2 누구에게나 의견을 자유롭게 제시할 수 있는 환경을 선호한다. | 5

3 직급보다는 전문성과 기여도로 인정받고 싶다. | 5

4 지시받는 것보다 스스로 판단하고 실행하는 것을 선호한다. | 5

PART 4 소계 | 20

PART 5. 플랫폼 및 AI 기반 조직 적합성

1 고정된 사무실이 없어도 효과적으로 일할 수 있다. | 5

2 원격근무나 디지털 노마드 라이프스타일이 매력적이다. | 5

3 디지털 협업 도구(Slack, Notion, ChatGPT 등)를 적극적으로 활용한다. | 5

4 AI 등 새로운 기술과 가상조직의 등장을 긍정적으로 받아들인다. | 5

PART 5 소계 | 20

PART	점수(점)	만점(점)	비율(%)
PART 1: 대규모 조직 적합성		25	
PART 2: 소규모 조직 적합성		25	
PART 3: 혼합 규모 조직 적합성		25	
PART 4: 수평적 조직 적합성		20	
PART 5: 플랫폼 및 AI 기반 조직 적합성		20	

| 결과 해석 |

PART 1: 대규모 조직 적합성

총점 80% 이상(20점 이상) 대기업형 인재일 수 있습니다. 대기업, 공기업, 글로벌 기업이 적합하며 체계적 업무 수행, 전문성 강화에 초점을 두는 등의 특징을 지니고 있습니다.

총점 60~79%(15~19점) 대기업이 적합하나 조직의 유연성도 필요로 합니다.

총점 60% 미만(15점 미만) 대기업보다 다른 규모나 형태의 조직이 더 적합한 인재일 수 있습니다.

PART 2: 소규모 조직 적합성

총점 80% 이상(20점 이상) 스타트업형 인재일 수 있습니다. 스타트업, 중소기업, 가족 기업 등이 적합하며 빠른 실행력, 멀티태스킹, 높은 주인 의식, 유연성의 특징을 지니고 있습니다.

총점 60~79%(15~19점) 소규모 조직이 적합하나 어느 정도 체계도 필요로 합니다.

총점 60% 미만(15점 미만) 소규모보다 다른 규모나 형태의 조직이 더 적합한 인재일 수 있습니다.

PART 3: 대소 혼합 규모 조직 적합성

총점 80% 이상(20점 이상) 균형 추구형 인재입니다. 중견기업, 대기업 내 독립 사업부가 적합하며 균형 감각, 전문성과 다양성을 함께 추구합니다.

총점 60~79%(15~19점) 혼합 형태가 적합하나 한쪽으로 기울 수 있습니다.

총점 60% 미만(15점 미만) 명확히 대규모 또는 소규모 중 선택할 필요가 있습니다.

PART 4: 수평적 조직 적합성

총점 75% 이상(15점 이상) 수평 문화 선호형입니다. 혁신적 스타트업이 적합하며 자율성, 창의성, 수평적 소통, 빠른 의사 결정을 선호합니다.

총점 50~74%(10~14점) 수평 문화를 선호하나 어느 정도 구조도 필요로 합니다.

총점 50% 미만(10점 미만) 명확한 위계와 역할 구분이 더 편합니다.

PART 5: 플랫폼 및 AI 기반 조직

총점 75% 이상(15점 이상) 원격근무 최적화형 인재입니다. 완전 원격 기업, 글로벌 분산팀, 디지털 노마드 기업이 적합하며 강한 자기 관리, 비대면 소통, 시간/장소의 유연성을 추구하고, AI 도구 활용에 능숙하고 변화에 적극적입니다.

총점 50~74%(10~14점) 원격도 가능하나 하이브리드를 선호합니다. AI 활용이 가능하나 더 많은 학습을 필요로 하고, 변화에 개방적이나 적응 시간이 필요합니다.

총점 50% 미만(10점 미만) 물리적 사무실과 대면 소통이 필요합니다. AI 시대에 뒤처지지 않기 위해 적극적으로 학습할 필요가 있습니다.

| 마무리: 조직 규모 및 형태 핏의 핵심 |

- 조직 규모는 정답이 없다. 나에게 맞는 규모와 형태가 최선이다.
- 미래는 빠르게 변한다. AI와 디지털 전환에 대한 준비는 필수다.
- 조직, 부서, 업무의 경계는 계속 무너진다. 유연성과 적응력이 핵심 역량이다.
- 책임은 여전히 사람의 몫이다. 기술이 바뀌어도 성과와 책임은 개인이 진다.
- 지금 바로 준비하자. 미래 조직은 이미 시작되었다.

6개월마다 이 체크리스트를 재평가하여 조직의 변화와 나의 적합성을 점검하세요.

CULTURE FIT

나를 잃지 않고
조직에서
성공하는
쓰리핏 전략

조직 문화와 나의 핏

"내가 속한 조직의 문화는
얼마나 건강할까?"

109

조직문화와 나의 핏

1장

문화와
조직문화

문화란 무엇인가?

문화(文化)는 사전적 의미로 '한 사회에서 공통으로 이해되고 공유되는 행동 양식이나 상징적 체계'를 말한다. 구체적으로 언어, 관습, 도덕, 예술, 제도, 학문 등을 포함한 물질과 정신의 과정이자 산물을 의미한다. 학문과 분야에 따라 정치문화, 종교문화, 경제문화, 국가문화, 운동문화, 세대문화 등 다양한 영역에서 문화가 복합적으로 이해되기도 한다. 또한 문화는 대다수 구성원이나 조직원이 오랫동안 학습하고 체득한 행동 양식과 삶의 규범으로서, 그 사회나 조직의 행동과 가치 평가의 기준이 된다.

조직문화 분야의 세계적 석학인 에드거 샤인 MIT 교수는 문화란 '구성원들이 내·외부 문제를 성공적으로 해결한 공통의

경험을 공유하는 사회 단위의 속성'이라고 정의했다.[18]

문화는 새롭거나 다양한 경험 혹은 학습을 통해 진화할 수 있다는 점에서 역동성이 있다. 그래서 강한 문화는 유능한 리더가 조직에서 특정 목표를 일관되게 추구하는 데 필요한 강력한 도구 중 하나다. 그러나 예상치 못한 방향의 새로운 경쟁이나 과제를 해결하기 위해 변화가 요구될 때는 오히려 장애가 될 수 있다는 딜레마가 있다.

2024년 9월 15일, 프로야구가 출범 42년 만에 사상 첫 1,000만 관중을 돌파했으며 200경기 매진도 달성했다. 게다가 2025년 10월에는 1,200만 관중을 돌파했는데 이런 결과에는 우리나라의 독특한 프로야구 문화와 젊은 여성 팬들의 역할이 컸다는 점도 주목받았다. 물론 프로야구의 흥행에는 젊은 야구 스타의 탄생, 엎치락뒤치락하는 치열한 승부와 순위 경쟁 같은 야구의 내적 요소가 작용한다. 하지만 외국에서는 찾아보기 어려운 단체 응원가와 구호, 활달한 전문 치어리더를 통해 이루어지는 흥겹고 독특한 응원문화, 야구를 보면서 치맥 등을 곁들이는 음식문화 등이 20~30대 여성을 야구장으로 이끈 것으로 분석되었다.

이처럼 어떤 조직의 발전에서 그 조직만의 독특한 문화가 차지하는 역할은 매우 크다. 한 조직이 강한 팀워크, 창의성, 협동, 개방적 소통으로 운영된다면 어떤 조직과도 비교되지 않는 높은 경쟁력을 갖는 것이다. 따라서 조직문화는 그 조직의 경쟁력과 특성을 나타내는 또 다른 지표가 되고 있다.

조직문화란 무엇인가?

조직문화는 한 조직을 구성하는 사람들이 공유하고 있는 핵심 가치나 신념, 혹은 이해나 규범이다. 문서에 명시적으로 기술되어 있지 않아도 벽에 붙어 있는 표어, 직원들의 복장이나 말투, 각종 행사의 형태나 구호, 회사 내에서 전해지는 일화, 사용하는 물품이나 사무실 배치 등에서 직간접적으로 그 조직의 문화를 느낄 수 있다. 이 같은 조직문화는 크게 2가지 기능을 갖는다. 하나는 구성원이 서로 잘 지내며 조직에 적응하고 만족하는 방법을 알게 해주는 것이고, 다른 하나는 조직이 외부 환경의 변화에 잘 적응할 수 있도록 도와주는 것이다.

한 기업이나 조직이 지속적으로 성장하고 유지되는 데 가장 필요한 것 중 하나가 외부 환경의 변화를 빨리 읽어내고 준비하여 그 변화에 올라타는 것이다. 외부 환경의 변화에 둔감하여 쇠락의 길로 내몰린 제록스Xerox Corporation, 휴렛팩커드Hewlett Packard Enterprise, 야후Yahoo!, 후지필름 등은 한때 최고의 경쟁력을 자랑했던 기업이다. 그러나 자신만의 경직된 조직문화에서 벗어나지 못했거나 다른 조직의 변화 방향을 읽어내지 못해 도태될 수밖에 없었다. 예전에는 성공의 토대가 되었던 조직의 가치나 관행이 현재의 변화에는 오히려 방해가 될 수 있다는 사실을 깨우쳐주는 사례다.

룰루레몬이 글로벌 기업으로 전환하기 위해 2008년 전(前) 스타벅스 부사장 크리스틴 데이를 영입한 이유도 마찬가지다.

밴쿠버에서 얻은 성과에 머물려는 관행에서 벗어나 더 진취적이며 긍정적인 조직문화를 만들기 위해서였다. 데이는 직원의 맞춤형 교육 기회 제공, 피트니스 강사의 앰버서더 위촉, 매장 매니저의 전문가 교육 등 룰루레몬만의 특별한 조직문화와 마케팅 전략을 개발했다. 데이는 짧은 기간에 조직을 재정비하고 성과를 높인 실적을 바탕으로 이듬해 CEO로 승진했고 5년간 룰루레몬을 이끌었다.

조직문화의 형성과 전달

조직문화는 조직의 지속적인 발전과 경쟁력 그리고 결속력을 결정짓는 유·무형의 핵심 요소다. 따라서 조직이 추구하는 목표와 가치관을 실천할 수 있는 문화가 형성되도록 관리하고, 그것이 하위 조직까지 전달될 수 있도록 메커니즘을 정교화하는 노력이 필요하다.

창업자나 경영자의 비전과 리더십이 성공적으로 실행되면 그것이 조직에서 제도화되고 문화로 형성된다. 조직문화는 종종 창업자의 비전과 리더십 스타일에서 비롯된다. 예를 들어, 애플은 스티브 잡스의 혁신 중심 철학을 통해 창의성과 완벽주의가 조직의 핵심 문화로 자리 잡았다. 또한 시장 상황, 기술 변화, 법적 규제 등 외부 환경도 조직의 문화에 직접적으로 영향을 미친다. 예를 들어, UN의 지속가능발전목표SDGs와 세계 최대 자산 운용사인 블랙록BlackRock의 CEO 래리 핑크Larry Fink가 강조한 ESG(환경, 사회, 지배구조)는 많은 기업이 친환경적 문화를 채택하고 실천하도록 만들었다.

조직의 계층 구조, 의사 결정 방식, 소통 스타일 등 조직의 구조와 운영 방식도 구성원 간 관계와 문화 형성에 기여한다. 2부에서 언급했듯이 수평적 조직 구조는 개방적이고 협력적인 문화를 촉진한다. 구글의 수평 문화, 혁신 중심 문화는 자유로운 아이디어 제안과 협력을 장려하며, 이를 통해 구글은 창의적 제품을 지속적으로 개발하고 있다.

조직문화는 공식적 메커니즘과 비공식적 메커니즘에 의해 전달된다. 공식적 메커니즘은 신입 사원을 위한 오리엔테이션, 직원 교육 프로그램 등이다. 교육과 훈련을 통해 조직의 핵심 가치를 전달한다. 그리고 규정, 지침, 윤리 강령을 통해 조직이 중요하게 여기는 가치를 명확히 보여주기도 한다. 비공식적 메커니즘에는 경영자의 리더십과 동료 간 상호작용이 포함된다. 경영자나 리더는 조직의 문화 전파에 중요한 역할을 한다. 그들의 행동과 결정은 구성원들에게 조직의 기대와 기준을 명확히 전달하기 때문이다. 또한 팀워크와 비공식적 네트워크 등 동료 간 상호작용을 통해 조직의 비공식적 규범과 가치가 구성원에게 자연스럽게 전달된다. 그 밖에도 조직의 로고, 사무실 디자인, 단체복 등은 조직문화를 시각적으로 상징하며, 정기 행사나 승진 축하, 성공 사례 공유 등은 조직문화를 강화하는 도구가 된다.

현대그룹 창업주 정주영 회장은 1975년, 사우디의 주바일 산업항 건설 입찰에 도전했다. 당시 현대는 그와 관련한 사업 경험이 없었을 뿐 아니라 최저 입찰금이 우리나라 연간 예산의 25퍼센트나 되었다. 게다가 선진 경쟁국들의 방해로 수주는 거의 불가능해 보였다. 그러나 정주영 회장은 우려하고 반대하는 임직원에게 "이봐, 해보기는 했어?"라고 다그치며 도전을 강행했고, 불굴의 의지로 수주부터 완공까지 성공을 이끌어냈다. 20세기 최대 건설공사로 불리는 사우디 산업항 건설에서 잘 드러난 정주영 회장 특유의 뚝심은 현대그룹에 영웅담으로 전해져오면서 조직의 문화를 형성했다.

> 사례 8

💬 성과에 초점을 둔 늑대문화의 명암

초기 벤처기업의 대표적 특성은 늑대문화Wolf Culture였다. 늑대문화는 경쟁과 생존을 최우선으로 하는 공격적인 기업문화를 말한다. 이는 늑대처럼 공격적이며, 생존 본능을 바탕으로 끈질기게 목표를 추구하고 성취하는 정신을 강조한다. 외부 경쟁뿐 아니라 내부적으로도 높은 성과를 주문하면서 무리 지어 사냥하는 늑대처럼 강한 팀워크와 충성을 강조한다. 상사에게 절대복종하는 상명하복의 특성을 보이고, 기회를 놓치지 않는 빠른 의사 결정과 실행을 중시하며, 승리를 위해서라면 경쟁자를 배제하거나 공격적으로 밀어내는 전략을 사용하기도 한다.

늑대문화의 대표적인 기업으로 꼽히는 화웨이Huawei의 창업자 런정페이(任正非)는 '늑대 정신Wolf Spirit'을 강조하면서 포기하지 않는 정신과 극한의 경쟁을 독려했다. 창립 초반의 화웨이는 기술적 열세에 있었지만 전 직원이 주말과 밤까지 일하며 빠르게 성장했다. 성과를 내는 임직원은 높은 보상을 받고 성과가 낮으면 가차 없이 도태되는 '고(高)성과 보상high performance, high reward' 시스템을 운영했다.

징동닷컴JD.com은 공격적 시장 점유를 위해 아마존보다 빠른 배송인 '211 모델(오전 11시 이전에 주문하면 당일 배송, 밤 11시까지 주문하면 다음 날 오후 3시까지 배송하는 서비스)'을 도입했다. 이들도 화웨이처럼 직원들에게 빠른 성장과 성과를 요구하며 높은 목표 달성을 위한 '늑대 정신'을 강조했다.

알리바바Alibaba의 창업자 마윈馬云도 직원들에게 강한 생존 의식을 심어주며 경쟁에서 살아남기 위해 헌신할 것을 강조했다. 내부적으로 '996 근무제(오전 9시부터 밤 9시까지, 주 6일 근무하는 방식)'를 장려하고 강한 실행력과 업무 집중력을 요구하는 문화를 형성했다.

늑대문화는 경쟁력을 강화하고 세계 시장의 강자로 자리 잡는 데 기여했다. 그러나 과도한 경쟁문화는 구성원에게 심각한 스트레스를 유발했고 번아웃과 함께 높은 이직률을 초래했다. 또 승리를 최우선에 두다 보니 일부 기업에서는 불공정 경쟁과 거래, 직원 혹사 등의 비윤리적 행동도 발생했다. 늑대문화는 이처럼 장단점이 공존하는 기업문화다. 자율성과 창의성이 강조되는 현대 조직에서는 더욱 균형 잡힌 접근이 요구된다.

조직에도 상위문화superior/dominant culture와 하위문화subculture가 있다. 이와 같은 문화는 조직 구성원 간 관계와 행동을 형성하며 조직의 다양성과 복잡성을 반영한다. 이를 통해 조직의 정체성과 응집력을 강화하면서도 유연성과 혁신을 가능하게 한다. 상위문화와 하위문화의 정의, 특성, 조합 방식 등을 알아보자.

먼저 상위문화는 조직 전체의 공식적이며 주도적인 문화를 말한다. 이는 조직의 비전, 미션, 가치, 규범, 행동 기준 등을 통해 명확하게 정의된다. 조직의 리더십이 상위문화를 형성하고 이를 구성원에게 공식적으로 전달하며, 모든 구성원이 공유하고 실행하도록 적극 장려한다. 상위문화는 조직 구성원의 일관성과 단결을 유지하도록 방향을 제시함으로써 조직의 핵심 목표와 전략을 뒷받침하는 안정적 토대가 된다.

하위문화는 조직 내 특정 부서, 팀, 지역, 혹은 직무 집단에서 자연스럽게 형성되는 비공식적인 문화다. 상위문화와 일치하지 않을 수도 있으며, 특정 집단의 고유한 특성을 반영한다. 조직 내 다양한 가치관과 행동 양식을 반영하며, 직무나 지역적 환경의 영향을 받아 독특한 문화가 형성되기도 한다. 따라서 하위문화는 상위문화와 갈등을 겪기도 하고 조화를 통해 발전하기도 하며 약화되기도 한다.

도전과 혁신이 핵심 가치인 스타트업에서는 기술개발팀과 마케팅팀이 서로 다른 하위문화를 형성하고, 각 팀의 목표와 접근 방식이 다를 수 있다. 다국적 기업의 해외 지사에서는 본사의 상위문화와 현지의 하위문화가 갈등을 빚기도 하고 조화를 이루기도 한다.

💬 스타벅스 코리아 직원이 트럭 시위를 한 이유

미국의 스타벅스는 서비스의 '우수성'과 '차별화', 그리고 '사회적 책임'이라는 상위문화를 통해 모든 매장에서 고객이 만족할 수 있는 경험을 제공하고자 한다. 이러한 상위문화는 우리나라 스타벅스도 공유하고 있다. 우리나라 스타벅스 매장이 2,000곳을 넘어 우리 인구의 약 2.5배에 달하는 일본의 매장 수를 넘어섰다고 한다.[19] 스타벅스 코리아는 지역의 특성에 따른 차별화 매장, 맞춤형 스페셜 음료와 베이커리, 사이렌오더, 다양한 굿즈와 이벤트, 구독 서비스 등으로 고객 중심 매장이 되도록 지속적으로 노력하고 있다고 밝혔다.

그런데 해마다 매장 수를 100개 이상 확장하고 다양한 이벤트를 제공하는 동안 예상치 못한 홍역을 앓았다. 2021년 10월, 노조가 없는 스타벅스 코리아의 점주와 직원들이 트럭 시위에 나섰다. 시위의 직접적인 계기는 다회용 컵 무료 제공 행사였다. 그러나 사실은, 그간 과도한 이벤트로 직원들의 업무가 급증했으나 이에 따른 처우나 근무 환경 개선이 없었다는 불만이 누적된 결과였다.[20]

그간 스타벅스 코리아 본사는 고객의 높은 호응에 힘입어 다양한 행사를 제공해왔으나, 앞으로는 매장 직원들의 의견도 경청하고 애로 사항을 개선하겠다는 사과와 약속으로 사태를 일단락지었다. 이 사건은 스타벅스 코리아를 이용하는 고객에게도 충격을 주었다. 고객 만족, 친환경 등 본사의 사업 취지와 문화가 아무리 좋더라도 매장에서 실제로 일하는 직원들의 공감을 얻기 위해서는 충분한 의사소통과 설득, 지원이 동반되어야 했다.

이러한 위기를 이겨낸 스타벅스 코리아는 현재 세계 3위의 매장 수를 보유하며 발전을 거듭하고 있다. 스타벅스 코리아의 트럭 시위는 상위 본사와 하위 매장 사이에서 나타날 수 있는 현실적 갈등을 보여준 교훈적 사례였다.

상위문화와 하위문화의 조합

대부분의 조직에는 조직 전체를 아우르는 상위문화와 부서나 팀, 지사 등에 따라 형성된 다양한 하위문화가 존재한다. 상위문화가 조직 전체의 정체성, 방향성을 제공하고 통합을 형성하는 역할을 한다면, 팀이나 지사 등의 하위문화는 전문 영역에 따라 독립적으로 형성되기도 하고 상위문화와 공존하기도 한다. 기업의 IT 부서는 자유롭고 창의적인 하위문화를 갖는 경우가 많고, 재무나 생산 부서에서는 규율과 절차를 중시하는 상위문화가 주를 이루는 것을 보면 쉽게 이해할 수 있다. 이처럼 상위문화와 하위문화는 서로 차이를 보이는데, 두

문화가 조합을 이룰 때 긍정적인 시너지가 나기도 하지만 부정적인 면이 나타나기도 한다.

두 문화의 조합이 이루는 긍정적인 측면으로는 조화와 상호보완, 그리고 유연성을 들 수 있다. 하위문화가 상위문화의 목표를 실현하는 데 다양성과 창의성을 더할 수 있기 때문이다. 상위문화가 혁신을 강조할 때 하위문화가 부서별 세부적인 혁신 전략을 구현할 수 있고, 다양한 하위문화를 통해 조직이 급변하는 환경에 적응하는 능력을 높일 수 있다. 한 사례로, 쿠팡은 빠른 배송과 고객 만족을 핵심으로 한 상위문화를 기반으로, 물류 센터에서는 생산성 중심의 하위문화를 구축하여 조직의 목표를 효과적으로 달성했다는 평가를 받고 있다.

그러나 조합의 결과로 갈등이나 소통 단절이라는 부정적 측면도 나타날 수도 있다. 상위문화와 하위문화 간 가치관 또는 목표가 충돌하면 조직 내 불협화음이 발생하기 때문이다. 만약 강압적인 상위문화가 하위문화의 자율성을 억압한다면 이직률 상승이나 저항이 나타날 수 있다. 게다가 하위문화와의 단절이 깊어지면 조직 전체의 협력과 효율성이 저하된다.

조직문화는 구성원의 노력에 따라 원하는 방향으로 변화할 수 있다. 그리고 조직은 효과적인 소통, 상위문화와 하위문화의 조화를 통해 지속 가능한 경쟁력을 형성할 수 있다. 이러한 변화는 조직뿐 아니라 구성원 개인의 성장에도 긍정적인 결과를 가져올 수 있다.

요점 정리 ● ● ●

- 조직문화는 구성원들이 공유하고 있는 핵심 가치나 신념을 의미하는데, 조직의 발전에서 그 조직만의 독특한 문화가 차지하는 역할은 매우 크다. 또한 조직문화는 그 조직의 경쟁력과 특성을 나타내는 또 다른 지표가 되고 있다.

- 기업이 인재 채용 시 지원자의 컬처 핏을 평가하는 사례가 늘고 있으므로 해당 기업의 조직문화를 미리 파악하여 자신과 맞는지 확인하는 것이 중요하다.

2장

급변하는 환경과 조직문화의 진화

조직의 변화는 왜 어려운가

한 조직의 문화를 바꾸는 일은 절대 쉽지 않다. 사람과 사람의 관계로 이루어진 조직을 바꾸려면 사람이 변화해야 하는데, 오랫동안 형성된 습관이나 사고방식을 바꾸기가 매우 어렵기 때문이다. 그러나 외부 환경이 급격히 변화하고, 디지털 전환과 AI 기술 도입이 불가피한 현재의 흐름은 그동안 조직이 설정한 전략과 구조, 문화까지 바꿀 것을 요구하고 있다. 그렇다면 어떻게 문화의 변화를 담담히 받아들이고, 조직의 기존 문화와 가까우면서도 변화를 선도하는 문화로 진화할 수 있을지 생각해보자.

조직은 기본적으로 안정성을 유지하려는 속성이 있다. 그런데 변화는 기존 질서를 깨뜨리는 것이므로 여기에는 저항이 따를 수밖에 없다. 조직이 여러 가지 이유로 변화를 시도할 때 난관이 나타나고 저항이 일어나는 이유를 생각해보자.

첫째, 조직은 구조적으로 관성을 갖고 있다. 관성은 외부에서 압력을 가하지 않는 한 현재 상태를 유지하려는 특성이다. 관료적 조직일수록 기존의 절차나 형태를 고수하려는 경향이 강하다. 그러나 조직이 변화를 적극 수용하려는 자세를 가지고 성장할 때는 관성을 깨고 변화를 이룰 수 있다.

둘째, 문화적 저항도 만만치 않은 걸림돌이다. 기존의 조직문화는 오랜 시간 동안 형성된 것으로, 구성원의 사고방식과 행동 양식은 여기에 고착되었다고 할 수 있다. 따라서 새로운 변화의 시도는 내부의 불안과 저항을 불러일으킬 수 있다.

셋째, 이해관계자의 저항도 변화를 어렵게 한다. 조직 내 권력 구조를 유지하려는 사람들은 변화에 반대하는 경우가 많다. 특히 중간 관리자층이 변화에 위협을 느낄 가능성이 높다.

모든 변화에는 필연적으로 불확실성이 따르며 실패의 위험도 존재한다. 또 단기적으로는 비효율성이나 혼란이 발생할 수 있어서 많은 조직의 의사 결정자들이 쉽게 변화를 결정하지 못한다. 그러나 지금처럼 서로 긴밀하게 연결된 글로벌 시장에서 환경 변화에 대응하지 못한 조직은 도태될 수밖에 없다.

노키아Nokia는 한때 세계 휴대폰 시장을 지배했다. 하지만 스마트폰이라는 환경의 변화에 빠르게 적응하지 못한 탓에 시장에서 급속히 추락했다. 반면, 어도비Adobe는 기존의 패키지 소프트웨어 판매 모델에서 과감히 벗어나 클라우드 기반의 구독형 모델로 전환함으로써 새로운 수익 구조를 만들어냈다. 그리고 디자인과 디지털 마케팅 솔루션으로도 사업을 확장하며 폭넓게 시장을 선도하고 있다. 구독형 모델로 전환할 때 고객의 반발, 단기 수익 감소 등의 리스크가 예상되었음에도 어도비는 전환을 단행하여 장기적으로 기업 가치와 안정적 수익을 모두 확보했다. 두 회사의 사례에서 변화의 중요성과 필연성을 알 수 있다. 변화의 압력이 갈수록 거세지는 지금 시대에는 변화하지 않는 것이 가장 큰 리스크다.

조직문화의 진화 전략

조직이 변화하는 환경에 효과적으로 적응하려면 조직문화가 지속적으로 진화해야 한다. 특히 적소 전략, 국제 환경, 디지털 환경은 조직문화를 진화시키는 중요한 동인이다.

• **적소**niche **전략과 조직문화의 진화**

경쟁이 치열한 대기업 중심의 시장에서 벗어나 작지만 확실한 시장(적소)을 공략하려면, 기존의 경직된 조직문화로는 대응하기 어렵다. 유연하고 창의적인 조직문화가 필요하다. 전자책 구독 서비스인 '밀리의 서재'는 대형 출판사와 정면으로 경쟁하기보다 '구독 기반 독서'라는 새로운 틈새시장을 개척했다. 이를 위해 전통적인 출판업계와 다르게 유연한 피드백과 빠른 실행 중심의 스타트업

문화를 도입해 성공적으로 자리 잡았다. 출판 제조업의 위계적이고 보수적인 문화에서 자율적이고 창의적인 문화로 변화를 시도한 사례라 할 수 있다.

• **국제 환경과 조직문화의 진화**

글로벌 시장에서 성공하려면 제품과 서비스의 우수성만으로는 부족하다. 조직문화 자체가 다문화적 감수성을 갖추고 변화해야 한다. 유니클로UNIQLO는 아시아뿐 아니라 유럽, 북미 등 다양한 국가에 진출했는데, 각국의 문화적 다양성을 존중하고 현지 소비자 및 직원과의 유대감을 강화하기 위한 현지 문화화 전략을 추진해왔다. 일본식 통제 중심의 문화를 완화하고, 현지 인력을 적극적으로 채용하며 자율성을 강화해 다문화적 경영 방식으로 전환했다. 유니클로는 내수 중심의 폐쇄적 문화에서 글로벌 시장의 다문화적, 개방적 문화로 진화한 사례다.

• **디지털 환경과 조직문화의 진화**

AI, 빅데이터, 원격근무 등 디지털 기술의 확산은 일하는 방식뿐 아니라 조직 구조와 문화 전반을 재편하고 있다. 카카오는 애자일agile 방식의 팀 단위 조직 운영을 도입해 빠른 의사 결정과 민첩한 시장 대응을 실현하고 있다. 이를 통해 사용자 중심의 서비스 개선을 실시간으로 진행하며, 수직적인 문서 중심 조직에서 데이터 기반의 수평적 커뮤니케이션 조직으로 전환하고 있다. 실시간 데이터 기반의 의사 결정을 하는 조직으로 전환하고 싶다면 카카오를 비롯한 다양한 IT 조직의 사례를 새겨볼 필요가 있다.

조직은 더는 기존에 해오던 방식만으로 생존할 수 없다. 대내외 환경 변화에 유연하게 대응하고 문화 자체를 새롭게 재설계하는 능력이 조직의 미래를 결정짓는다. 변화는 불확실성과 함께 오지만 그 변화에 적응하지 못하는 조직은 결국 도태된다. 조직문화의 지속적 변화, 진화는 '선택'이 아닌 '필수'다.

청년세대가 조직문화를 바꾸고 있다

조직은 외부 환경만이 아니라 내부로부터도 더 강한 변화의 압력을 받고 있다. 인구 구조의 변화, 가치 경영의 확대, 기술의 급속한 발달은 조직문화의 거대한 전환을 요구하고 있다. 특히 인구 구조의 변화와 노동인구의 세대교체는 조직문화가 맞이한 새로운 전환점이다.

우리나라뿐 아니라 세계적으로 저출산, 고령화 현상이 지속되면서 청년세대의 인구 비중이 줄어들고 있다. 그런데 기업 내에서는 청년세대가 조직 운영의 핵심 구성원으로 빠르게 부상하고 있다. 이들은 단순히 후배나 신입 사원의 지위에 머무르지 않는다. 일과 삶의 균형(워라밸), 공정한 기회와 평가, 자율적 소통 구조를 요구하며 기존의 연공서열 중심의 위계 문화와 충돌하고 때로는 조직문화를 바꾸는 주체로서 행동한다.

청년세대는 기성세대가 강조해온 충성심이나 조직 내 생존력보다 개인의 역량 개발과 지속 가능한 자기 성장, 조직의 유대감을 통한 심리적 안정을 더 중요하게 여긴다. 이런 문화적 차이 때문에 조직 내 세대 갈등이 발생하기도 하지만 점점 더 많은 기업이 이들의 목소리에 귀를 기울이며 조직문화를 재설계하는 방향으로 나가고 있다.

청년세대는 조직을 '자기 주도적 경력 개발의 플랫폼'으로 인식하는 경향이 있다. 조직이 이들을 포용하려면 과거와는 다른 방식의 문화 혁신이 필요하다. 특히 성과 중심 평가, 수평적 커뮤니케이션, 문제 제기와 피드백을 장려하는 환경 등이 핵심 요소로 꼽힌다.

IT 서비스 기업 NHN은 직급을 없애는 실험을 했다. 구성원 모두가 서로 '님' 호칭을 사용하고, 직책보다 역할 중심의 커뮤니케이션을 장려하면서 플랫flat 문화 정착을 시도했다. 또한 조직문화에 대한 정기적인 설문과 피드백 프로그램을 통해 구성원의 불만과 기대를 수렴하고 문화 개선에 반영한다. 특히 신입 사원이 주도하는 피드백 회의나 멘토링 프로그램은 젊은 세대가 참여와 기여를 통해 문화를 바꾸는 사례로 주목받고 있다.

NHN은 역할 기반의 자율성과 피드백 중심 문화, 상호 존중과 신뢰에 기반한 수평적 관계를 통해 조직문화의 변화를 시도했다. 이러한 흐름은 IT 기업에 국한된 것이 아니다. 제조업,

금융권, 공공 기관 등 전통적 조직에서도 변화의 조짐이 나타나고 있다. 특히 MZ세대가 중간 리더로 성장하면서 더 개방적이고 민주적인 방향으로 조직문화가 변화하고 있다. 이제 조직이 생존하고 경쟁력을 유지하기 위해서는 청년세대의 관점과 문화를 받아들이는 일이 필수 사항이 되었다.

조직의 정체성을 바꾸는 사회적 책임

과거에는 기업의 사회적 책임CSR이나 환경 보호 활동 등이 기업 홍보 전략의 일부로 여겨지곤 했다. 그러나 이제 환경E, 사회S, 지배구조G를 포괄하는 ESG 경영이 조직 내부의 핵심 가치이자 문화로 정착되고 있다. ESG 경영은 단순히 경영진의 선택이 아니라 이해관계자의 요구, 투자자의 압력, 구성원의 기대에 따라 촉발되고 있으며, 이미지 관리 차원의 활동을 넘어 조직의 생존 전략이 되었다.

이러한 변화는 의사 결정 방식부터 일하는 방식, 내부 커뮤니케이션까지, 기업 운영 전반에 영향을 미친다. 예를 들어, 단기 수익을 높이기 위한 무리한 업무 관행이나 불투명한 인사 시스템, 사회적 갈등을 야기하는 제품과 서비스는 조직 구성원의 정체성 위기를 유발한다. 반대로, 조직이 윤리성과 지속 가능성을 내재화하면 구성원은 그 가치를 공유하며 자발적 몰입을 하게 된다.

유니레버Unilever의 '생활을 위한 지속 가능성Living Sustainability' 전략을 간단히 살펴보자. 글로벌 생활용품 기업 유니레버는 ESG 경영을 단순한 프로그램이 아닌 조직의 정체성으로 삼고 있다. 유니레버는 자사 브랜드를 대상으로 '지속 가능성 평가'를 시행해 제품이 환경, 건강, 사회에 미치는 영향을 측정한다. 문제점을 개선하지 못하는 브랜드는 과감히 철수한다. 제품만이 아니라 유니레버의 사내 문화도 ESG 기준을 반영해 변화했다. 임직원들은 탄소 발자국 저감을 위한 출장 기준을 따르고, 본사에서는 플라스틱 프리와 제로 웨이스트 사무 환경을 조성하고 있다. 또한 각 팀에 ESG 전담자를 두어 업무 계획과 실행 과정에서 사회적 책임을 고려한 의사 결정이 이루어지도록 한다.

2024년 신임 CEO가 선임되면서 유니레버의 ESG 운영 방침이 수정되는 일이 있었다. 하지만 결국 기업의 사회적 책임과 기여는 지속될 수밖에 없다. 지속 가능성, ESG 등은 이제 기업의 경영 철학에 머무르지 않고 조직의 문화와 리더십, 구성원 간의 관계, 일의 방식 자체를 바꾸는 '문화적 트리거'로 작용한다.

부영주택의 창업자인 이중근 회장은 우리 사회가 당면한 저출산 문제를 누구보다 심각하게 고민했고 문제 해결에 직접 나섰다. 이를 위해 부영 본사를 포함한 그룹 계열사 직원에게 자녀 출산 시 한 명당 1억 원을 지급했다. 두 명이면 2억 원을 지급한다. 이 회장의 결단은 사회에 큰 파장을 일으켰다. 또한 대한노인회 회장으로서 노인의 나이와 어른의 역할을 재정의하고,[21] 6·25 전쟁의 실상을 다룬 저서를 발간했으며, 유엔군 참전 용사의 희생을 기리기 위해 '유엔데이'를 공휴일로 재지정하는 활동을 국내외에서 이어가고 있다.[22] 이러한 일련의 활동들은 청년세대에게도 큰 영향을 주었다. 구체적인 예로, 부영그룹의 신입 사원 공채에 평년보다 열 배 이상의 우수한 지원자가 몰렸다. 이는 젊은 구성원들이 조직을 단순히 돈을 버는 곳이 아니라 세상에 긍정적인 영향을 주는 주체로 여기기 때문이다. 실제로 여러 조사에 따르면 젊은 세대는 이러한 가치를 반영한 조직에 더욱 높은 몰입과 충성도를 보인다. 앞으로 조직이 기업의 사회적 책임과 긍정적 역할을 조직문화와 정체성의 중심축으로 삼을 때 구성원의 지지를 받으며 지속적으로 성장할 수 있을 것이다.[23]

AI 시대를 대비하기 위한 조직문화가 필요하다

AI, 로봇, 자동화 시스템이 급속히 도입되면서 산업과 조직의 구조가 변화하고 있다. 단순 반복 업무는 빠르게 기계로 대체되며 창의성, 감성, 판단력, 협업 능력을 요구하는 고차원 영역만 사람에게 남겨진다. 이에 따라 조직의 핵심 문화도 효율과 통제 중심에서 자율과 유연성 중심으로 이동하고 있다.

기계는 정해진 규칙을 정확하게 반복하는 일에는 탁월하다. 하지만 인간의 공감 능력, 직관적 문제 해결, 창조적 아이디어

발상 등은 기계로 대체하기 어렵다. 따라서 구성원 각자의 몰입, 동기, 심리적 안정감이 기업의 주요한 자산이 되고 있으며, 이를 뒷받침하는 조직문화가 어느 때보다 절실하다.

글로벌 소프트웨어 기업인 깃랩은 전 직원이 원격으로 일하는 조직이다. 세계 60개국 이상에 구성원이 흩어져 있지만 이를 AI 기반 협업 툴과 투명한 정보 공유 시스템을 통해 유기적으로 연결한다. 핵심은 구성원에 대한 신뢰와 자율성 부여다.

이 회사는 출퇴근 시간, 보고 체계 같은 규율 중심 문화를 과감히 탈피했다. 그 대신에 구성원이 일에 몰입할 수 있는 심리적 안정감, 일과 삶의 균형, 명확한 책임 공유 체계를 조직 운영의 중심에 두고 있다. 이것은 단순히 근무 방식의 변화가 아니다. 자율과 신뢰 기반의 협업으로, 데이터 기반 소통과 실시간 피드백 중심 구조로 조직문화를 전환했다는 의미다. 그 결과는 어떨까? 깃랩은 높은 생산성과 구성원 만족도를 동시에 달성하며 빠르게 성장하고 있다. 이처럼 첨단 기술의 도입은 업무만이 아니라 조직문화의 전환을 촉진하고 있다. 새로운 문화의 핵심은 '사람 중심 문화'다. 조직은 구성원이 의견을 자유롭게 낼 수 있고 실수를 통해 학습할 수 있으며 자율적으로 목표를 설정하고 실행할 수 있는 환경을 제공해야 한다. 이것이야말로 AI 시대에 인간의 역량을 극대화하는 조직문화의 핵심이다. 그리고 기억해야 할 점은, 이러한 문화는 이상적 가치가 아니라 생존의 조건이라는 사실이다.

따라서 향후 조직은 결과보다 의미를 중시하고 규율보다 공감과 피드백을 선호하는 청년세대에 맞춘 가치관 전환을 추진해야 한다. 이와 더불어 기업의 리더십과 사회적 책임을 추구하는 새로운 가치 창출, 데이터 기반의 협업 구조 도입, 기존 조직 질서의 재정의, AI 전환 가속화 등 여러 변화를 동시에 마주하게 될 것이다. 이 거센 변화와 전환 과정에서 조직문화는 조직의 경쟁력, 인재 확보 능력, 장기적 성장 가능성을 좌우하는 핵심 자산이다.

MS를 바꾼 '성장 마인드셋' 문화

위기를 맞은 조직은 위기 극복을 통해 더욱 발전할 수도 있고, 쇠퇴로 이어지다가 결국 회복하지 못할 수도 있다. 조직의 문화는 위기 극복 과정에서 새로운 문화 요소를 도입하기도 하고, 기존의 문화를 강화하기도 한다. 세계적 IT 기업 MS도 조직문화 측면에서 상당히 위험한 시기가 있었다. 창업자 빌 게이츠Bill Gates 이후 새로이 취임한 CEO들의 스타일에 따른 MS의 조직문화 형성 과정을 살펴보자.

빌 게이츠는 1975년 폴 앨런Paul Allen과 함께 MS를 창업한 이후 글로벌 소프트웨어 기업으로 성장시켰다. 회사가 커지면서 경영과 조직 운영에 강한 CEO가 필요하다고 판단하여 2000년 1월 스티브 발머Steve Ballmer에게 CEO 자리를 넘겼다. 그러면서 자신은 기술 자문 역할만 맡기로 했다. 하지만 게이

츠의 영향력은 여전했고 내부에서는 게이츠 중심 조직에서 벗어나야 한다는 목소리가 커졌다. 게이츠는 자문 역할을 축소했고 이후 일상적 경영에서도 물러났다.

MS 초창기 구성원인 스티브 발머는 2000년부터 2014년까지 CEO를 맡아 게이츠 이후의 회사를 이끌었다. 발머의 리더십은 강한 실행력, 공격적 경영, 성장 중시로 요약할 수 있다. 발머는 수익 창출에 집중하여 2000년에 약 230억 달러였던 MS 매출을 2013년에는 780억 달러로 세 배 이상 성장시켰다. 또한 윈도우, 오피스, 클라우드 플랫폼 애저Azure 사업의 기반을 마련하고 기업 간 거래B2B 전략을 성공적으로 수행했다는 평가를 받는다. 그러나 '윈도우 8'은 실패했고, 2013년 약 72억 달러를 투자해 인수한 노키아에서는 2015년 철수했다.

발머는 MS의 수익성을 크게 키운 경영자였다. 그러나 수익 극대화에 집중하다 보니 혁신보다 시장 지배력 유지에 머물렀다. 결국 모바일 중심으로 빠르게 변화하는 시장을 따라잡지 못해 혁신적 기업으로 거듭나지는 못했다. 더 심각한 문제는 발머의 경쟁문화였다. 강제 순위 평가제로 불리는 '스택 랭킹'을 도입하여 하위 10퍼센트를 퇴출하는 등 조직 내 경쟁을 부추겼다. 이로 인해 내부 협업이 약화하고 직원들 사기가 저하하는 부작용이 발생했다. 특히 스택 랭킹으로 인해 사내 정치가 심화되었고, 구성원 사이에서 MS의 혁신력이 떨어지고 있다는 불만과 불안감이 증가했다. 결국 MS는 점차 관료적으로 변했고, 실리콘 밸리 혁신 기업들과의 경쟁에서도 밀리게 되었다.

사티아 나델라Satya Nadella가 MS의 문화를 바꾸고 혁신을 주
도한 배경에는 이러한 발머의 한계가 있었다는 평가가 있다.
인도 출신 소프트웨어 개발자인 나델라가 2014년 내부 승진
을 통해 CEO로 취임했을 때 MS는 심각한 내부 갈등과 정체
성 위기를 겪고 있었다. 특히 스택 랭킹으로 인해 구성원들은
서로를 협력자보다 경쟁자로 인식하는 분위기였고, '혁신보다
정치가 중요하다'는 말이 돌았다. 모바일과 하드웨어의 애플,
검색과 클라우드의 구글 등 경쟁사는 빠르게 성장하는 반면,
MS는 윈도우와 오피스 등에 지나치게 의존하면서 미래 방향
성이 불분명했다.

나델라는 조직문화 혁신을 최우선 과제로 설정하여 경쟁적
이고 침체한 분위기를 개방적이고 협력적인 분위기로 전환했
다. 취임 직후 나델라는 '원 마이크로소프트One Microsoft'를 내
세우며 부서 간 장벽을 허물고 협업문화를 조성하는 데 집중
했다. 스택 랭킹을 폐지하고 내부 협력을 강조하면서 유연한
조직문화를 도입했다. 미래 전략도 기존의 윈도우 중심에서 애
저 중심으로 바꾸고 AI, 오픈소스를 강화하는 방향으로 개편
했다. 그리고 무엇보다 '성장 마인드셋Growth Mindset'을 강조하며
회사를 배우고 성장하는 학습 조직으로 바꾸려 노력했다.

결과적으로 나델라는 MS를 PC 회사에서 클라우드와 AI 선
도 기업으로 변모시키는 데 성공했으며, MS를 다시 글로벌 IT
기업의 최전선으로 이끌었다. 나델라의 리더십 아래 2019년 4
월에는 MS 시가총액이 1조 달러를 넘어섰고, 애플과 아마존
을 제치고 시총 1위를 기록하기도 했다. 미국의 경제 전문지

『포천Fortune』은 나델라를 올해의 기업인으로 선정했으며, 나델라는 현재까지 MS의 CEO와 이사회 의장을 맡고 있다.

MS의 사례에서 우리는 다음 2가지 사실을 확인할 수 있다. 첫째, 누가 조직의 CEO가 되느냐, 조직의 방향을 어디에 두느냐에 따라 조직의 문화가 달라지고 성과도 달라진다는 사실이다. 둘째는 현실에 안주하여 혁신하지 않고 학습하지 않으면 미래는 없다는 사실이다. 사티아 나델라는 이렇게 말했다. "세상을 다 안다고Know-it-all 생각하는 사람은 결국 성장하지 않는다. 그러나 배우는Learn-it-all 사람은 계속 성장한다."

사례 10

💬 MS의 조직문화를 바꾼 '학습 조직'

사티아 나델라는 CEO 취임 후 '학습 조직Learning Organization'을 통해 MS의 조직문화를 변화시켰다. 그는 개방적이고 유연한 학습문화가 조직의 지속적인 성장과 혁신의 핵심이라고 강조했는데, MS를 변화시킨 학습 조직의 핵심 요소는 무엇일까?

① 'Know-it-all'에서 'Learn-it-all'로 전환한다. 당시 MS는 경쟁과 평가 중심 문화가 강해서 구성원들은 저마다 '내가 모든 것을 알고 있다'는 태도를 지니고 있었다. 나델라는 끊임없이 배우는 자세가 기업 성장의 핵심이라고 설득하면서 서로 협력하고 경험하며 배우는 문화를 조성하려고 했다.

② 성장 마인드셋을 강조한다. 스탠퍼드대학교 심리학과 교수인 캐럴 드웩Carol Dweck이 주장한 성장 마인드셋 개념을 MS의 핵심 문화로 도입했다. 구성원들이 '노력과 학습을 통해 성장할 수 있다'는 사고방식을 지니고 끊임없이 학습하고 도전하도록 유도했다.

③ '심리적 안전감'을 조성한다. 구성원들이 실패를 두려워하지 않고 팀원들도 자유롭게 의견을 낼 수 있는 조직문화로 변화시켰다. 비판이 아니라 학습과 성장 중심의 피드백을 강조했다.

④ 데이터 기반 학습 및 AI 활용을 확대한다. 데이터와 AI를 활용한 학습 조직을 구축하여 구성원들에게 클라우드, 머신러닝, AI 기반 학습 환경을 제공했다. 예를 들어, '선의를 위한 AIAI for Good' 프로그램을 통해 다양한 사회 문제 해결에 AI를 활용했다.

⑤ 지속적 학습과 혁신 문화를 장려한다. 구성원들에게 새로운 기술을 익히고 개발하도록 지원했다. '링크드인 러닝LinkedIn Learning' 및 사내 교육 프로그램을 통해 최신 기술을 학습하도록 유도했다.

나델라는 이러한 학습문화를 통해 MS를 윈도우와 오피스 중심에서 클라우드 플랫폼 중심으로 변화시켰다. 구성원에게도 클라우드 기술 학습을 강조했고, 그 결과 애저는 아마존 AWS와 경쟁하는 MS의 주요 수익원이 되었다. 또한 과거 MS는 폐쇄적인 소프트웨어 정책을 고수했으나 학습 조직 개념을 도입하면서 오픈소스 생태계를 적극적으로 수용했다. 특히 2018년 개발자 플랫폼인 깃허브를 인수하고 리눅스Linux와의 협업을 확대하여 개발자 친화적인 회사로 변신했다. 더불어 구성원들이 AI, 클라우드, 데이터 분석 등 새로운 기술을 익힐 수 있도록 다양한 학습 프로그램을 운영하여 지속적인 학습 문화를 형성했다. 사티아 나델라가 강조한 '학습 조직'이 MS 문화를 변화시키고, 글로벌 IT 시장에서 다시 선도적 위치를 회복하는 원동력이 된 것이다.

'우리만의 문화'로 지속 성장을 이루는 조직

외부 환경 변화에 잘 대처하면서 지속적으로 성장하는 조직은 모두 고유의 긍정적인 문화를 가지고 있다. 내가 직접 CEO와 대화하며 깊은 인상을 받은 중견기업과 중소기업의 사례를 각각 소개한다.

• 네패스그룹의 감사문화

네패스는 반도체 후공정과 IT 부품 소재를 개발하는 글로벌 기업이다. 특히 반도체 사업 중 범핑Bumping, 웨이퍼레벨패키지WLP, 팬아웃웨이퍼레벨패키지FOWLP, 패널레벨패키지PLP, 팬아웃-패널레벨패키지FO-PLP 등은 네패스가 개발한 세계 최초의 기술이다. 이에 따라 글로벌 반도체 시장에서 확고한 위치를 구축하고 있다.

네패스그룹 이병구 회장은 글로벌 반도체 기업으로 성장할 수 있었던 근원이 네패스만의 특별한 조직문화에서 나온 역량에 있다고 말했다. 이 특별한 조직문화를 한마디로 집약하면 '감사'다. 네패스에는 매일 실천하는 '3·3·7 라이프' 문화가 있다. 하루에 30분 책을 읽고, 3가지 좋은 일을 나누고, 7가지를 감사하는 것이다. 또 아침마다 전 직원이 모여 노래를 부르는 음악 교실이 열리고, 감사 편지 쓰기, 긍정 언어 사용하기를 실천한다. 이처럼 매일 하는 독서와 감사의 실천이 조직문화가 됨으로써 부서 간 협업이 잘 이루어지고, 구성원의 업무 만족도가 높다. 이것은 곧 사업 성과로 이어진다.

네패스의 해외 법인이 늘어나면서 이병구 회장은 외국인 직원을 위해 자신의 경영 철학과 회사 성장 경험을 담은 영문판 책을 출간했다. 2018년 7월에 출간한 저서 『석세스 애티튜드』(한국경제신문i)의 영문판인 『An Attitude of Success』는 2020년 12월 출간 이후 10일 동안 아마존 서점의 비즈니스 윤리 부문 베스트셀러 1위에 올랐다. 이병구 회장은 이 책에서 4차원 경영의 출발은 '생각'이며 경영의 도구는 '말'이라고 설명하며, 따뜻한 말 한마디가 구성원을 움직인다고 강조했다. 그리고 일은 4차원 경영을 실천하는 과정이며 일하는 방식을 바꾸면 결과가 달라진다고 보았다. 그는 4차원 경영이 사람의 마음을 통해 미래로 이어진다는 신념을 갖고 있으며, 창립자

의 이러한 경영 철학은 회사 조직에 스며들어 네패스의
문화로 자리 잡았다.

반도체 산업은 스마트폰을 비롯한 다양한 반도체 사용 제품이 성장하면서 초소형화와 고성능화가 매우 빠르게 진행되는 분야다. 감사하는 마음으로 길러진 긍정성과 끝없이 도전하는 자세를 갖춘 네패스는 이 시장에서 두려움 없는 조직, 새로운 환경에 대응하는 능력이 탁월한 회사라는 평가를 받는다. 네패스는 여전히 반도체 패키징 파운드리의 글로벌 선두 업체다. 이 회장은 회사의 지속 성장 비결을 감사하는 마음에 기초한 직원 중심 경영과 지속적인 R&D 투자의 결과라고 설명한다.

• **동학식품의 공감문화**

동학식품은 1997년 미국의 미니멜츠mimimelts에서 기술을 수입하여 구슬 아이스크림을 생산하던 회사다. 이후 발전을 거듭하여 지금은 미국에 제품을 역수출하고 있으며, 동남아, 유럽까지 판로를 확대하고 있다. 현재 동학식품 CEO는 계난영 대표다. 이전에는 회사 경영에 직접 관여하지 않았던 계 대표는 창업자이자 CEO였던 남편을 대신하여 2009년부터 조직을 이끌고 있다. 회사를 이어받았을 때 연 매출액이 60억 정도였는데, 2024년 말 기준으로 매출액을 네 배 이상 키웠다. 해마다 R&D에 매출의 10퍼센트 이상을 투자하고 사내 연구소를 설립해 제품 개발에 힘쓰며, 대표가 직접 해외로 뛰며 영업한 결과다.

동학식품이 CEO 교체 위기를 극복하고 또 다른 발전을 이룰 수 있었던 것은 계난경 대표의 포용적이고 따뜻한 공감 리더십 덕분이었다. 구성원의 현실적인 상황과 기대에 마음 깊이 공감하고 이를 실천으로 옮김으로써 모두를 한마음으로 다시 뛰게 한 것이다.

계 대표는 부임 후 직원 한 명, 한 명과 면담을 했는데, 월급이 너무 낮아서 사실 적잖이 놀랐다고 했다. 이에 재무팀의 우려에도 불구하고 직원들의 현실적인 생활 수준을 고려하여 전 직원의 급여를 40퍼센트까지 인상하는 파격적인 결단을 내렸다. 그리고 지방의 공장에서 일하는 젊은 세대부터 부서장까지 식사를 같이하며 그들의 고충을 듣고 공감하면서 회사의 비전과 계획을 설명하고 각각의 역할을 부탁했다. 이러한 과정을 통해 대표와 직원들은 서로를 신뢰하게 되었다. 임직원을 가족처럼 대하고 서로 이해하게 되면서 구성원의 애사심이 높아졌고, 이는 매출이 향상되는 결과로 이어졌다. 지금도 계 대표는 직원 경조사는 물론 회사 친목 행사에 꼭 참석하고, 직원 자녀의 입학 선물과 손 편지까지 성실히 챙기고 있다.

현재 동학식품의 구슬 아이스크림은 일본, 중국, 태국 등 아시아를 넘어 미국과 유럽 여러 나라에도 수출된다. 이슬람 국가로의 수출을 위해 할랄 인증도 획득했다. 최근에는 반려동물을 위한 '빅구슬 아이스크림'을 출시하

여 반려동물 시장에도 진출했다. 급속 냉동식품 분야에
서 세계 최고가 되겠다는 목표를 세운 계 대표는 구성원
의 기쁨과 슬픔에 공감하면서 목표를 향해 뛰고 있다.

사례 11

💬 조직문화 효과성 측정 방법

구성원이 현재의 조직에 얼마나 만족하는지, 조직의 시
스템이 업무를 추진하는 데 얼마나 효율적인지를 구성원
의 내부 의견과 데이터를 기반으로 진단하는 방법이 있다.
다음 3가지 방법이 조직문화의 효과성을 측정하는 데 많이
사용된다.

① 직원 만족도 조사Employee Satisfaction Survey

주기적인 설문조사를 통해 구성원들이 조직문화를 어떻
게 인식하고 있는지 파악할 수 있다. 구글은 내부 설문조사
인 '구글가이스트Googlegeist'를 활용해 직원들의 의견을 분
석하고 이를 조직문화 개선에 반영한다. 이 설문지는 작성
하는 데 30분 정도가 걸리지만 참여율이 평균 90퍼센트에
달한다고 한다.

② 조직문화 진단Organizational Culture Inventory: OCI

OCI는 조직문화의 행동 규범을 건설적constructive, 수동방
어적passive defensive, 공격방어적aggressive defensive의 3가지
유형으로 분류한다. 그리고 규범마다 네 개의 하위 유형을
제시한다. GE는 OCI 진단을 활용해 변화를 주도하고, 구성

원의 조직 적응도를 평가하고 있다.
- 건설적 규범: 성취, 자기실현, 인본주의적 격려, 친화
  적인 유형의 특징을 보인다.
- 수동방어적 규범: 승인, 전통적, 의존적, 회피의 특징
  으로 설명된다.
- 공격방어적 규범: 반대, 권력, 경쟁력, 완벽주의적 유
  형으로 설명된다.

③ 이직률과 직원 유지율Turnover&Retention Rate

높은 이직률은 조직문화에 문제가 있다는 신호일 수 있
다. 따라서 이직률의 변동 추이나 비율을 분석하여 조직의
상황을 파악할 수 있다. 애플은 직원의 이직률을 낮추고 유
지율을 높이기 위해 리더십 코칭 프로그램을 운영한다. 일
대일 코칭과 그룹 코칭을 통해 구성원과 팀의 문제점을 파
악하고 개인 간, 팀 간의 유대감을 높여 최적의 업무 방식
으로 일할 수 있도록 돕는다.

이 밖에도 직원 간 협업과 소통 패턴을 분석하여 조직
내 유대 관계를 파악하는 '내부 네트워크 분석Organizational
Network Analysis, ONA', 팀 리더와 직원 간 정기적 피드백을
통해 조직문화의 개선 기회를 확보하는 '면담과 피드백One-
on-One Meetings, Feedback Sessions', 조직문화 관련 데이터를
실시간 모니터링하여 개선점을 찾는 '조직문화 지표 대시보
드Cultural Metrics Dashboard' 등의 방법이 있다. 조직문화가
건강해야 지속적인 성장을 할 수 있으므로 내부적으로 계
속하여 문화를 측정하고 개선하는 노력이 필요하다.

환경과 전략에 따른 조직문화 유형

외부 환경에 대응하고 적응하는 데 필요한 전략과 방안을 구상할 때 조직문화가 주요한 역할을 할 수 있다. 예를 들어, 인터넷이나 데이터 기반 산업은 외부 환경과 소비자의 피드백, 트렌드에 큰 영향을 받기 때문에 유연하고 민첩하게 대응할 수 있는 조직문화가 필요하다. 넷플릭스, 페이스북, 네이버의 조직 변화나 동향을 보더라도 쉽게 이해할 수 있다.

조직문화는 조직이 외부 환경에 성공적으로 대응하는 전략을 제공하고, 조직 구조를 강화하는 데 협력해야 한다. 이를 위해 어떤 조직의 문화를 평가할 때는 다양한 측면을 살펴본다. 조직 구성원 간이나 부서 간에 주어진 문제를 해결하는 과정에서 나타나는 협력 수준이 어느 정도인지, 의사 결정에서 어느 정도의 통제와 권한이 주어지는지, 조직의 시간적 성향이 단기적인지 장기적인지 등을 살펴보는 것이다.[24] 한편, 환경이 요구하는 특성이 유연성인지 안정성인지, 조직의 전략이 내부에 초점을 두는지 외부에 초점을 두는지에 따라 조직문화를 적응문화, 성취문화, 동족문화, 관료문화로 나누기도 한다.[25]

- **적응문화**adaptability culture

외부 환경 변화에 유연하게 대응하여 고객의 니즈를 충족시키는 데 조직의 역량을 집중한다. 곧 외부 환경이 주는 변화 신호를 파악하고 분석하여 새로운 대응책을 개발하는 구성원의 역량을 강조한다. 혁신, 창조성, 도전의식은 이때 가장 중요한 역량 요소다.

• **성취문화**achievement culture

조직이 목표를 명확하게 설정한 후 그것을 달성하기 위해 구성원이 최선을 다하는 문화다. 이때 조직은 각 개인이나 팀에게 구체적인 성취 목표를 할당하고 개인의 성과에 따라 보상하며 격려한다. 성취문화의 대표 사례로 공격적 매출 신장과 시장 점유율 확대를 최고 목표로 삼는 화웨이를 들 수 있다. 그러나 성취문화는 심한 경쟁으로 인한 부작용을 낳기도 한다.

• **동족문화**clan culture

조직의 사업에 구성원이 적극적으로 참여하고 기여하는 데 초점을 두는 문화다. 이런 문화는 책임감과 사명감을 창출하여 구성원의 애사심과 만족도를 높인다는 장점이 있다. 그러나 동질적 구성원으로 이루어진 경우, 새로운 아이디어와 시각을 받아들이는 데 어려움을 겪기 쉽고 비판적 사고가 부족하여 잘못된 의사 결정을 수정하기 어렵다는 문제점을 가지고 있다. 동족문화의 예로 가족 경영 회사나 전문직 기반의 중소기업을 들 수 있다.

• 관료문화 bureaucratic culture

관심이나 전략적 초점이 주로 내부에 있으며, 일관성 있고 안정된 환경을 지향한다. 따라서 일정하게 기존에 해오던 방식에 따라 사업을 수행하는 경향이 있다. 앞 사례에서 보았듯이 발머가 MS의 CEO로 일하던 시기의 행태를 생각할 수 있다. 그러나 청년세대는 관료문화의 엄격한 규율, 정형화된 절차에 적응하지 못하는 경우가 많다. 관료문화는 정부 기관이나 대형 제조업체, 국영기업 등에서 찾아볼 수 있다.

내가 속한 조직의 문화는 위의 4가지 유형 중 어디에 해당할까? 이러한 유형의 문화가 조직과 나의 발전에 도움이 될까? 한번 생각해보자.

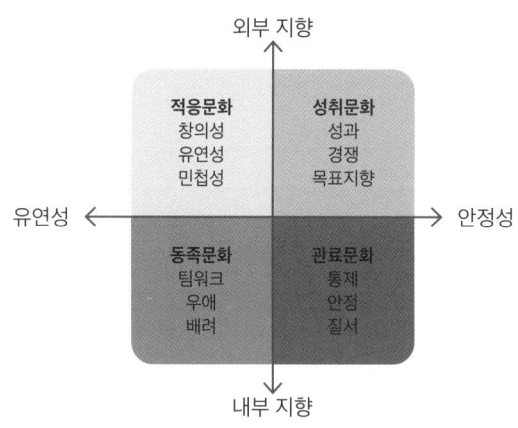

≪ 환경과 전략에 따른 조직문화 유형

요점 정리 ● ● ●

• 조직 문화의 지속적 변화와 진화는 선택이 아닌 필수다. 환경 변화에 유연하게 대응하고 조직 문화를 새롭게 설계하는 능력이 조직의 미래를 결정짓는다.

• 변화하는 조직의 문화와 나와 조화를 이루는 컬쳐 핏을 이해하고 실천하는 것이 중요하다.

3장

조직문화의
세대 격차

청년세대의 가치관은 기성세대와 다르다

조직 내에서 기성세대가 만들어온 문화와 청년세대의 가치관이 충돌하는 경우가 종종 있다. 주로 조직의 위계적 문화 특성과 관련하여 충돌이 일어난다. 기성세대는 근속 중심으로, 청년세대는 성장 중심으로 사고하는 경향이 있다. 즉, 기성세대는 한 직장에서 오래 일하는 것을 중요하게 여기지만 청년세대는 개인의 성장과 직접 연관된 경력을 우선시한다. 성과 평가 방식에서도 전통적 조직은 연공서열 중심의 평가를 시행하지만, 청년세대는 실력에 따른 공정한 평가를 중시하고 이에 대한 보상을 요구한다. 또한 청년세대는 수평적 관계를 선호하고 이에 대한 기대가 크다.

그렇다면 어떻게 조직 내에서 기성 문화와 청년 문화가 조화를 이룰 수 있을지 생각해보자.

첫째, 애자일 방식의 도입을 생각해볼 수 있다. 상하 방식 또는 수직적 업무 진행이 아니라 자율과 협업을 강조하는 업무 방식으로 전환하는 것을 의미한다.

둘째, 피드백을 강화하는 문화를 생각해볼 수 있다. 기성세대는 연말 평가 등 정해진 시기에 상사 중심으로 위계에 따라 이루어지는 피드백에 익숙하지만, 청년세대는 즉각적인 피드백을 선호한다. 따라서 이를 반영한 문화 조성, 피드백 시스템 구축이 필요하다.

셋째, 업무 방식의 변화도 생각할 필요가 있다. 청년세대는 원격근무나 유연 근무 도입 등 자율성과 유연성 확대를 기대한다. 실제로 청년세대가 넷플릭스 같은 IT 기업이나 넥슨 같은 게임 회사를 선호하는 이유는 자율과 책임의 문화, 성과 중심의 평가, 불필요한 규칙 없이 자유롭게 일할 수 있는 환경 때문이다.

청년 리더십이 조직문화의 변화를 이끈다

조직문화가 변화할 수 있는 중요한 동력은 젊은 리더들의 의지다. 흔히 인용되는 '젊은 피가 필요하다'는 말은 이러한 맥락에서 나왔다고 할 수 있다. 청년 리더는 기존 방식과 새로운 방식을 연결하는 가교 역할을 하며 조직이 유연하게 변화하도록 이끌 수 있다. 최근 조직 구성이 점점 젊어지면서 청년 리더십이 부상하고 있다. 청년 리더십은 어떤 특징을 지니고 있을까?

우선, 청년 리더들은 변화 지향적인 성향을 가지고 있다. 기존 질서를 유지하는 것이 아니라 새롭게 도전하고 혁신하는 태도를 보인다. 수평적 커뮤니케이션, 자율적 업무 방식, 서로를 동료로 여기고 협력하는 리더십을 선호한다. 그리고 젊은 리더는 디지털 친화적 특성이 있다. 최신 기술을 배우고 활용하여 조직 운영 방식을 혁신하고 이를 공유하고자 한다. 메타 Meta의 CEO 마크 저커버그는 페이스북을 창업해 빠르게 성장시키면서 전통적인 기업문화 대신 개방적이고 수평적인 문화를 도입했다. 이후 메타버스가 빠르게 IT 문화를 선도하자 회사명도 메타로 바꿔버렸다. 저커버그의 모토는 'Move fast and break things(빠르게 움직이고 부숴라)'다. 그는 항상 변화를 주도하고자 한다.

글로벌 아웃도어 브랜드가 된 파타고니아Patagonia의 성장도 젊은 경영진이 이룬 결과라 할 수 있다. 파타고니아의 젊은 리더들은 친환경 경영, 윤리적 소비를 강조하는 문화를 조직하고 확산시킴으로써 전 세계 청년층 소비자를 확보했다. 그들은 직원들에게 유연한 근무 환경을 제공하고, 사회적 가치를 중시하는 방향으로 조직을 변화시켰다.

중요한 것은 소속감과 자율성의 균형

조직문화가 강하다는 말은 조직의 가치와 규범이 구성원에게 깊이 내재화되어 있다는 의미다. 조직문화가 강할수록 내부 결속력과 유대감이 강하다. 하지만 때로는 외부 변화에 대한 유연성이 떨어질 수 있다는 단점이 있다. 조직문화 강도가 높은 조직에서는 구성원이 조직의 목표와 가치를 공유하고 상호 신뢰가 높아 강한 유대감을 형성한다. 또 공통된 행동 양식을 따르면서 조직의 가치에 맞게 행동하는 문화가 자연스럽게 자리 잡는다. 그러나 이러한 문화가 지나치게 강하면 유연한 변화가 어려울 수 있다.

우리나라에서 기업문화가 강한 조직으로는 흔히 삼성을 꼽는다. 삼성의 창업주와 선대 회장은 조직의 목표와 가치인 성장, 성과, 도전을 구성원들에게 강조하고 이를 한 치의 흔들림 없이 따르도록 했다. 이에 따라 조직의 결속력은 강하지만 개인의 자율성은 상대적으로 낮았다고 할 수 있다. 삼성과 구글의 조직문화가 비교되기도 한다. 구글 역시 조직문화가 강하지만 자율성과 창의성을 강조하는 유연함을 동시에 지녀 변화를 쉽게 받아들이는 것으로 알려져 있다. 이 때문에 구글 직원들은 조직에 대한 유대감을 느끼면서도 변화에 대한 수용력이 뛰어나다고 평가된다. 다만 현재 삼성의 조직문화 강도는 예전만큼 뚜렷하지 않다는 평가도 있다.

조직문화의 강도를 논의할 때는 구성원 간 유대감과의 균형이 늘 강조된다. 조직문화가 지나치게 강하면 내부가 폐쇄적으로 흐를 위험이 있고, 반대로 조직문화가 너무 약하면 구성원의 유대감이 떨어지고 조직 정체성이 흐려질 수 있다. 특히 요즘처럼 급변하는 환경에서는 강한 문화와 유연성을 동시에 확보하는 것이 지속 성장의 필수 조건으로 꼽힌다. 이 과정에서 청년세대는 기존 문화와 충돌하기도 하지만 조직의 유연성을 높이는 긍정적인 변화를 이끌 잠재력을 가지고 있다. 이들은 조직문화를 바꾸는 데 중요한 역할을 하며, 특히 혁신성과 개방성을 강조하는 방향으로 조직을 이끌어갈 수 있다.

사례 12

💬 소속감의 끝판왕, 배민의 피플팀

배달 서비스 플랫폼 배달의 민족(이하 배민)은 김봉진 대표가 설립한 회사다. 스타트업 '우아한형제들'이 2010년 6월 앱을 출시한 후, 2011년 3월 정식으로 회사를 설립했다. 배민은 고객이 주문하고 라이더가 배달을 마칠 때까지 전 과정에 관여한다. 설립 이후 공격적인 마케팅으로 적자를 이어왔으나 2016년부터 흑자로 전환해 현재까지 배달앱 1위를 지키고 있다. 배민은 그동안 비싼 중개 수수료와 배달비 문제로 관련자(식당주, 배달 기사, 주문자)의 불만과 더불어 사회적 비판까지 받곤 했지만, 배민 구성원 간 결속력은 어떤 조직보다 강한 것으로 알려져 있다. 이러한 결속력이 유지되는 데는 '피플팀'의 역할이 크다고 한다.

회사 초창기에는 김봉진 대표가 직원 개개인의 경조사를 직접 챙기고 대화의 시간을 가졌는데 구성원이 늘어나면서

'피플팀'을 만들게 되었다. 두 명으로 시작한 피플팀은 여섯 명, 일곱 명으로 증원되었고, 지금은 수십 명이 일하는 '피플실'로 확대되었다. 피플팀은 구성원을 배려하고 그들에게 관심을 쏟으며, 동료들이 필요로 하는 것이 무엇인지 늘 고민한다고 한다. 간단한 예로, 신입 직원과 그 가족에게 입사 축하 케이크와 카드를 보내고, 본인이나 가족의 생일에는 직급을 불문하고 오후 4시에 퇴근할 수 있도록 한다. 남성 직원의 장인 생일도 마찬가지로 축하해줘서 아내가 감동했다는 이야기도 있다.

이렇게 피플팀은 각 구성원을 지원해주고, 구성원들은 심리적 안정감과 소속감을 느낀다. 또한 동료와 가까워지고 서로 배려하는 분위기가 만들어지면서 조직은 일하고 싶은 공간, 따뜻한 일터, 즐거움을 공유하는 회사가 된다. 이것이 피플팀 운영자의 설명이다.

피플팀은 구성원들과 좋은 회사가 무엇인지에 대해 함께 토론하고 고민하면서 '성장', '존중', '비전', '소통'이라는 네 개의 키워드를 도출했다. 회사 게시판에 쓰여 있는 다음 문구들을 통해 자율성을 존중하면서도 팀워크와 책임을 강조하는 배민의 독특한 분위기와 문화를 느낄 수 있다. '송파구에서 일을 더 잘하는 11가지 방법' 가운데 몇 개를 소개한다.

- 9시 1분은 9시가 아니다.
- 간단한 보고는 상급자가 하급자 자리로 가서 이야기 나눈다.
- 일의 목적, 기간, 결과, 공유자를 고민하며 일한다.

- 책임은 실행한 사람이 아닌 결정한 사람이 진다.
- 이끌거나, 따르거나, 떠나거나!

2019년 12월, 독일에 본사를 두고 세계 40여 개 나라에서 음식 배달 서비스를 하는 딜리버리 히어로Delivery Hero가 '우아한형제들'의 국내외 투자자 지분 87퍼센트를 인수하자 피플팀이 과연 그대로 유지될 것인가 하는 점이 관심을 끌었다. 그러나 피플팀은 피플실로 확대되어 여전히 배민을 일하기 좋은 조직으로 만들기 위해 노력하고 있다.

요점 정리 ● ● ●

- 조직문화의 변화 동력은 청년세대의 의지다. 청년 리더는 기존 방식과 새로운 방식을 연결하는 가교 역할을 하며 조직을 유연하게 바꿀 수 있다. 변화의 물결을 따라 회사명까지 메타로 바꾼 마크 저커버그, 친환경 경영으로 전 세계 청년층 소비자를 확보한 파타고니아의 젊은 경영진이 대표적인 예다.

4장
청년세대가
이끄는
건강한 조직문화

건강한 조직이란?

건강한 조직은 구성원이 활발하게 협력하고 성장하며, 지속 가능한 환경을 갖춘 조직이다. 그런 조직은 어떤 요소를 갖추고 있을까?

건강한 조직의 가장 큰 특징은 명확한 비전과 목표가 있다는 점이다. 구성원들이 조직의 목표를 이해하고 공감하며 이를 달성하기 위해 적극적으로 참여한다. 예를 들어, 테슬라는 '지속 가능한 에너지'라는 명확한 비전이 있다.

그리고 건강한 조직에서는 무엇보다 개방적이고 신뢰를 바탕으로 한 커뮤니케이션이 이루어진다. 구성원이 서로 자유롭게 의견을 나누고 수평적 소통을 지향한다. 스타트업이나 IT 기업에서 새로운 아이디어를 적극적으로 표현하고 수용하는 문화가 대표적 예다.

또한 건강한 조직은 구성원에게 성장 기회를 제공하고 구성원의 역량 개발을 지원한다. 요즘 기업들은 직원들에게 도서 구입비나 교육비를 지원하고, 개인별 역량 개발 니즈를 꾸준히 파악한다. 이런 정책을 운용하는 가장 큰 이유는 조직이 바람직하고 건강하게 변화하기를 기대하기 때문이다. 한편, 직원들이 조직에 오랫동안 몸담고 꾸준히 자기 계발을 하기 위해서는 심리적 안전감이 중요하다. 구성원이 실수를 두려워하지 않고 도전할 수 있도록 심리적으로 안전한 환경을 조성하는 것이 건강한 조직을 이루는 핵심이다.

청년세대는 무엇보다 공정성을 중시한다. 따라서 공정한 평가와 보상 체계는 건강한 조직을 유지하는 데 매우 중요한 요소다. 이에 많은 기업은 동기부여를 위해 성과를 객관적으로 평가하고 공정하고 투명한 보상을 제공하기 위해 노력하고 있다.

건전한 갈등은 도움이 된다

건전한 갈등, 곧 조직 내에서 벌어지는 건설적인 논쟁이나 아이디어 제안에서 나타나는 충돌은 혁신과 발전을 가져올 수 있다. 건전한 갈등은 문제 해결과 최선의 의사 결정을 목표로 한다. 이를 위해 구성원들은 서로 다른 관점을 존중하며 논리와 데이터 기반의 토론을 진행하고, 상호 존중 속에서 발전적인 피드백을 주고받는다. 대표적인 사례가 픽사Pixar의 회의 시스템이다.

픽사는 애니메이션 제작 과정에서 '브레인 트러스트Brain Trust'라는 회의를 통해 자유롭게 피드백을 주고받으며 최고의 결과물을 만드는 것으로 알려져 있다. 원래 브레인 트러스트는 1932년 미국 대선에서 프랭클린 루스벨트 대통령을 도운 두뇌들을 가리킨 용어였다. 픽사는 이 이름을 따서 작품이 완성될 때까지 감독과 제작팀이 모여 가감 없이 의견을 내고 아이디어를 펼치는 의사소통의 장을 운영하고 있다.

반면, 조직에 오래 몸담은 기성세대는 건전한 갈등이나 논의를 통해 소통하기보다 수직적 힘이나 정치적 힘toxic politics으로 문제를 해결하려는 경향이 있다. 조직 내의 권력 다툼과 개인의 이익을 위한 정치 행위는 조직을 해치는 요소다. 청년세대가 잘못 판단하여 사내의 정치적 힘에 휘둘리면 결국 조직에서 어려움을 겪게 되거나 심지어 원치 않아도 조직을 떠나야하는 일이 생길 수 있다.

조직에 정치성이 강해지면 정보 은폐, 파벌 형성, 상사 눈치보기가 만연한다. 의사 결정은 논리가 아니라 정치에 의해 좌우된다. 이에 따라 구성원 간 신뢰가 깨지고 협업보다 경쟁과 대립이 심화하는 최악의 상황이 발생한다. 앞에서 소개한 엔론은 내부 정치와 부패로 인해 직원들이 정보를 조작하고 내부 고발자가 생기면서 결국 파산했다.

최근 중소기업 대표를 만나 졸업생의 취업 현황을 들을 기회가 있었다. 대표는 무엇보다 청년세대의 잦은 이직에 대해 우려를 나타냈다. 취업 준비생의 중소기업 선호도가 점점 낮아지는 것도 문제이지만, 신입 사원이 조직에 어느 정도 익숙해져서 본격적으로 역할을 주려 할 때쯤 이직을 한다는 것이었다. 청년 사원이 이직하는 주요한 요인은 무엇일까? 다음 3가지를 꼽을 수 있다.

첫째, 기대보다 낮은 연봉이나 보상이 이직의 가장 큰 요인으로 나타났다. 연봉뿐 아니라 성과급, 도서 구입비, 질 높은 식사, 헬스장과 같은 복지도 보상의 중요한 요소다. 경쟁사에 비해 연봉이 낮거나 복지 혜택이 적을 경우, 자연스럽게 이직을 고려한다.

둘째, 조직문화가 맞지 않을 때 이직한다. 자신의 성향과 조직 내 인간관계 혹은 분위기가 맞지 않으면 하루에도 몇 번씩 이직을 고려한다. 조직문화가 경직되어 있거나 의사소통이 불투명할 경우 불만이 쌓인다. 특히 상사, 동료와의 관계는 조직 만족도에 큰 영향을 미친다. 불공정한 내부 정치나 불필요한 야근문화도 이직에 영향을 준다.

셋째, 장래성과 자기 발전에 관련된 요소다. 배울 기회가 부족하거나 성장할 수 없는 조직에 청년세대가 머물 이유가 없다. 조직에 롤 모델도 없고 서로 경쟁하며 성장할 좋은 동료조차 없다면 경력 발전의 한계를 느껴 이직을 생각하게 된다. 더불어 조직이 빠르게 변화하지 못하면 자신의 미래 성장 가능성이 적다고 판단한다.

대기업과 스타트업의 이직 패턴이 비교되곤 한다. 중견기업이나 대기업에서는 연봉이 높아도 자율성이나 성장 기회의 부족으로 이직하는 경우가 많다. 반대로, 스타트업이나 중소기업에서는 성장 기회는 많지만 불안정한 경영 환경 때문에 안정적인 기업으로 이동하는 경향이 있다.

결론적으로 청년세대가 조직에 오래 정주하면서 지속하여 발전하게 하려면 합리적인 대우와 복지 혜택, 조직에서 성장하고 발전할 기회를 제공해야 한다. 또한 수평적 의사소통, 유연한 팀워크, 공정한 평가와 보상, 미래지향적인 환경과 문화가 형성되어야 한다.

사례 13

💬 뷰티업계에서 이직률이 가장 낮은 준오헤어의 유대감과 사람존중문화

우리나라 대표 헤어살롱인 준오헤어는 MZ세대가 주 고객층이며, 헤어 디자이너도 대부분 청년세대다. 본부장, 이사 등 임원진에도 젊은 세대가 많아 다른 헤어살롱보다 젊고 세련된 분위기를 풍긴다.

준오헤어 매장 내에는 카페가 있어 음료와 쿠키 등을 제공받을 수 있다. 인테리어는 고급스러우면서 아늑한 분위기다. 비교적 긴 헤어 시술 시간 동안 편안하게 대기할 수 있도록 쿠션과 등받이 같은 편의 용품이 다양하게 마련되어 있다. 책을 읽거나 모바일 기기를 충전하며 사용할 수 있도록 긴 탁자에 콘센트가 충분히 설치되어 있다. 이런 점들이 젊은 세대의 마음을 사로잡는다.

준오헤어에는 현재 약 3,000명의 직원이 근무하고 있으며, 헤어·뷰티 업종에서는 이례적으로 이직률이 낮다. 이는 동종 업계 대비 상대적으로 높은 연봉과 좋은 근무 환경 덕분이기도 하지만, 더 근본적인 이유는 독서문화와 교육을 강조하는 강윤선 대표의 경영 철학에 따른, 구성원 간 깊은 유대감과 인턴도 리더로 키우는 사람존중문화에 있다고 생각한다.

강윤선 대표는 어려운 경제 형편으로 바로 상급 학교에 진학하지 못했지만, 어릴 때부터 책 읽기를 좋아했다. 미용실을 운영하면서도 교육의 중요성을 강조했다. 이러한 강 대표의 철학은 매달 직원들이 필독서를 읽고 서로 의견을 나누며 공감하는 독서 경영으로 이어졌다. 직원들의 독서모임과 토론 활동은 1995년 7월부터 현재까지 단 한 번도 거르지 않고 이어지고 있다.

미용실 재정이 든든하지 못했던 창업 초기, 집까지 팔아임직원과 함께 영국의 '비달 사순'으로 유학을 떠난 일화는 유명하다. "모든 성장은 교육을 통해 이루어지며, 배움이 멈추면 성장도 멈춘다"고 강조하는 강 대표는 현재 강연자로서도 명성을 얻고 있다.

글로벌 토털뷰티 교육장으로 자리매김한 준오아카데미에는 준오만의 독특한 뷰티 기술과 경영을 배우기 위해 해마다 수천 명의 외국인이 찾아온다. 사람을 중시하고 독서와 교육을 통한 자기 계발을 지원하는 조직문화 덕분에 준오헤어의 구성원들은 깊은 유대감으로 뭉쳐 있다. 이러한 힘을 바탕으로 준오헤어는 매년 성장하는 글로벌 뷰티 회사를 만들어가고 있다.

요점 정리 ● ● ●

• 건강한 조직의 가장 큰 특징은 명확한 비전과 목표가 있고, 개방적이고 신뢰를 바탕으로 한 커뮤니케이션이 작동한다는 것이다. 무엇보다 구성원에게 성장 기회를 제공하고 역량 개발을 지원한다.

• 청년세대가 조직에서 오래 정주하며 지속하여 발전하게 하려면 합리적인 대우와 복지 혜택, 조직에서 성장하고 발전할 기회를 제공해야 한다. 또한 수평적 의사소통, 유연한 팀워크, 공정한 평가와 보상, 미래지향적인 환경과 문화가 형성되어야 한다.

"내가 속한 조직은 어떤 문화 유형인가?"

각 문항의 설명이 현재 조직의 특징과 일치하는 정도를 점수로 표시해주세요.
(1점: 전혀 그렇지 않다, 2점: 그렇지 않다, 3점: 보통이다, 4점: 그렇다, 5점: 매우 그렇다)

PART 1. 적응문화

1 우리 조직은 시장 변화에 빠르게 대응하고 적응한다.　　　　| 5

2 새로운 시도와 실험을 장려하며 실패를 학습의 기회로 본다.　　| 5

3 고객의 피드백과 시장의 트렌드에 민감하게 반응한다.　　　　| 5

4 경쟁사 동향과 산업 변화를 지속적으로 모니터링한다.　　　　| 5

5 불확실한 상황에서도 과감한 결정을 내린다.　　　　　　　　| 5

PART 1 소계 | 25

PART 2. 성취문화

1 명확한 목표 설정과 성과 달성이 가장 중요하다.　　　　　　| 5

2 개인과 팀의 성과가 명확한 지표로 측정되고 평가된다.　　　| 5

3 높은 성과를 내는 직원에게 적극적으로 보상한다.　　　　　| 5

4 구성원 간, 팀 간 경쟁이 활발하다.　　　　　　　　　　　| 5

5 과정보다 결과가 더 중요하게 여겨진다.　　　　　　　　　| 5

PART 2 소계 | 25

PART 3. 동족문화

1 조직 구성원 간 가족 같은 유대감이 강하다.　　　　　　　| 5

2 팀워크와 협력이 개인의 성과보다 중요하게 여겨진다. `| 5`

3 구성원들의 의견을 경청하고 참여를 독려한다. `| 5`

4 직원의 성장과 발전을 조직의 중요한 가치로 본다. `| 5`

5 장기근속하며 조직에 대한 충성도가 높다. `| 5`

PART 3 소계 <code>| 25</code>

PART 4. 관료문화

1. 명확한 규정과 절차가 잘 정립되어 있다. `| 5`

2 의사 결정은 정해진 프로세스를 따라 이루어진다. `| 5`

3 문서화와 기록 관리를 중요하게 여긴다. `| 5`

4 변화보다는 안정성과 예측 가능성을 추구한다. `| 5`

5 명확한 조직 위계와 보고 체계가 있다. `| 5`

PART 4 소계 <code>| 25</code>

| 총점 계산 | 비율 계산 방법 (받은 점수÷만점)×100

PART	점수(점)	만점(점)	비율(%)
PART 1: 적응문화		25	
PART 2: 성취문화		25	
PART 3: 동족문화		25	
PART 4: 관료문화		25	

| 결과 해석 |

문화 유형 판단 기준

• 가장 높은 비율을 받은 파트가 당신이 속한 조직의 주요 문화 유형입니다.
• 두 번째로 높은 비율을 받은 파트가 당신이 속한 부차적 문화 유형입니다.
• 두 개 이상의 파트에서 70% 이상을 받았다면 당신이 속한 조직은 복합 문화 유형입니다.

PART 1: 적응문화

총점 80% 이상(20점 이상)

• 적응문화 조직에는 테크 스타트업, 디지털 에이전시 등이 해당됩니다. 시장, 고객, 경쟁
사에 초점을 두고, 유연성과 변화, 혁신을 지향하며, 불확실성 속에서도 과감한 결정을
내립니다.
• 창의적 문제 해결을 즐기는 사람, 불확실성을 견딜 수 있는 사람, 빠른 학습 능력 보유
자가 적합합니다.
• 안정성과 예측 가능성을 중시하는 사람, 명확한 가이드라인을 원하는 사람, 반복적이
고 체계적인 업무를 선호하는 사람은 적합하지 않을 확률이 높습니다.

PART 2: 성취문화

총점 80% 이상(20점 이상)

• 성취문화 조직에는 글로벌 컨설팅사, 투자은행, 대기업 영업부, 마케팅사 등이 해당됩니
다. 명확한 핵심성과지표(KPI)와 결과를 중시하고, 경쟁과 성과를 중요하게 여깁니다.
• 경쟁을 즐기고 승부욕이 강한 사람, 명확한 목표와 보상을 원하는 사람, 성장과 승진에
높은 가치를 두는 사람이 적합합니다.
• 경쟁보다 협력을 중시하는 사람, 워라밸을 최우선으로 하는 사람, 장기적 관계를 중시
하는 사람, 과정과 의미를 중시하는 사람은 적합하지 않을 확률이 높습니다.

PART 3: 동족문화

총점 80% 이상(20점 이상)

• 동족문화 조직에는 가족 기업, 중소기업, 사회적 기업 등이 해당됩니다. 관계 중심의 가

족 같은 분위기가 특징이며, 협력과 팀워크, 직원 성장과 복지를 중시합니다.
- 관계와 조화를 중시하는 사람, 장기적 소속감을 원하는 사람, 협력적 업무를 선호하는 사람이 적합합니다.
- 빠른 의사 결정을 원하는 사람, 명확한 성과 보상을 중시하는 사람, 독립적 업무를 선호하는 사람, 경쟁을 통한 성장을 원하는 사람은 적합하지 않을 확률이 높습니다.

PART 4: 관료문화

총점 80% 이상(20점 이상)
- 관료문화 조직에는 공기업, 공공 기관, 제조업 대기업 등이 해당됩니다. 규칙과 절차, 안정성을 추구하고, 명확한 위계와 통제를 선호합니다.
- 안정성과 예측 가능성, 체계와 규칙을 선호하는 사람, 장기근속을 계획하는 사람이 적합합니다.
- 혁신과 창의성을 추구하는 사람, 유연한 업무 방식을 선호하는 사람, 관료주의에 답답함을 느끼는 사람은 적합하지 않을 확률이 높습니다.

| 마무리: 컬처 핏의 핵심 |

- 조직문화는 조직의 DNA다. 전략이나 시스템보다 강력하다.
- 조직문화와의 미스매치는 불행의 시작이다. 능력이 뛰어나도 문화가 안 맞으면 실패한다.
- 완벽한 조직문화는 없다. 나에게 맞는 문화가 최선이다.
- 조직문화는 변한다. 조직 성장, 리더 교체, 위기 등으로 문화가 바뀐다.

6개월마다 이 체크리스트를 재평가하여 조직문화의 변화를 모니터링하세요.

건강한 조직문화 진단하기

"내가 속한 조직은 건강한 조직인가?"

각 문항의 설명이 현재 조직의 특징과 일치하는 정도를 점수로 표시해주세요.
(1점: 전혀 그렇지 않다, 2점: 그렇지 않다, 3점: 보통이다, 4점: 그렇다, 5점: 매우 그렇다)

PART 1. 명확한 비전과 목표

1 우리 조직은 비전과 미션이 명확하게 정의되어 있다. | 5

2 구성원 대부분이 조직의 비전을 이해하고 공유한다. | 5

3 조직의 비전이 일상 업무와 의사 결정에 반영된다. | 5

4 우리가 하는 일이 사회에 긍정적인 영향을 준다고 느낀다. | 5

PART 1 소계 | 20

PART 2. 신뢰를 바탕으로 한 커뮤니케이션

1 구성원들이 자유롭게 의견을 제시할 수 있는 분위기다. | 5

2 중요한 정보와 의사 결정 과정이 투명하게 공유된다. | 5

3 리더가 솔직하게 조직 상황을 공유한다. | 5

4 상사에게 반대 의견을 제시해도 불이익을 받지 않는다. | 5

5 실수나 실패를 공유해도 비난받지 않는다. | 5

PART 2 소계 | 25

PART 3. 성장 기회 제공

1 조직이 구성원의 역량 개발을 적극 지원한다(교육비, 시간 등). | 5

2 새로운 것을 배우고 도전할 기회가 자주 마련된다. | 5

3 멘토링이나 코칭 프로그램이 잘 운영되고 있다. `| 5`

4 명확한 경력 경로와 성장 기회가 제시된다. `| 5`

5 내부 승진이나 직무 전환 기회가 공정하게 주어진다. `| 5`

PART 3 소계 `| 25`

PART 4. 건전한 갈등 관리

1 아이디어 제안과 건설적 토론이 장려된다. `| 5`

2 갈등이 문제 해결과 더 나은 결정을 위해 활용된다. `| 5`

3 다양한 관점을 존중하고 경청한다. `| 5`

4 조직 내 정치적 행동(줄서기, 파벌 등)이 거의 없다. `| 5`

PART 4 소계 `| 20`

PART 5. 공정한 평가와 보상

1 성과 평가 기준이 명확하고 객관적이다. `| 5`

2 평가 과정이 투명하고 공정하다고 느낀다. `| 5`

3 평가 결과에 대한 피드백이 구체적으로 제공된다. `| 5`

4 보상(급여, 승진, 인센티브 등)이 성과에 따라 공정하게 주어진다. `| 5`

5 동종 업계 대비 합리적인 수준의 보상을 받는다. `| 5`

PART 5 소계 `| 25`

PART 6. 유연성과 자율성

1 업무 시간이나 장소에 유연성이 있다. `| 5`

2 개인의 상황을 배려한 근무 방식이 가능하다. `| 5`

3 업무 수행 방식에 자율성이 주어진다. `| 5`

4 마이크로매니징보다는 신뢰와 책임이 강조된다. | 5

PART 6 소계 | 20

PART 7. 사람존중문화

1 구성원을 도구가 아닌 사람으로 대한다. | 5

2 구성원의 감정과 웰빙을 진심으로 배려한다. | 5

3 장기근속을 원하는 구성원이 많다. | 5

4 동료 간 신뢰와 유대감이 강하다. | 5

PART 7 소계 | 20

총점 | 155

| 결과 해석 |

총점 85% 이상(132~155점) ▶ **매우 건강한 조직**
- 거의 모든 영역에서 건강한 조직의 특성을 보입니다.
- 청년세대가 오래 근속하며 성장할 수 있는 최적의 환경입니다.
- 지속 가능한 경쟁력과 혁신 역량을 보유하고 있는 조직입니다.

총점 70~85% 미만(109~131점) ▶ **건강한 조직**
- 대부분의 영역이 양호하나 일부는 개선이 필요합니다.
- 전반적으로 근무하기 좋은 환경이나 지속적인 개선 노력이 필요합니다.
- 점수가 낮은 영역이 본인에게 매우 중요하다면 재고려해야 합니다.
- 조직의 개선 의지를 확인할 필요가 있습니다.

총점 55~70% 미만(85~108점) ▶ **보통의 조직**
- 일부 영역은 양호하나 여러 문제가 존재합니다.
- 개선 가능성은 있으나 불확실하므로 신중하게 판단할 필요가 있습니다.

- 특히 낮은 점수(60% 미만)를 받은 영역을 주목해야 합니다.
- 6개월 이내 변화 없으면 이직을 고려해보아야 합니다.

총점 30~55% 미만(47~84점)　**문제 있는 조직**
- 여러 영역에 심각한 문제가 있으며, 건강하지 않은 조직문화가 형성되어 있습니다.
- 장기근속 시 부정적 영향이 발생할 가능성이 있습니다.
- 3~6개월 내 이직을 목표로 준비하기를 권장합니다.
- 단기 생존 전략으로 감정 소모 최소화하기, 핵심 역량 개발에 집중하기, 외부 네트워크 강화하기 등을 시도해볼 수 있습니다.

총점 30% 미만(46점 이하)　**매우 불안정한 조직**
- 독성 조직입니다. 심각한 문화적 문제를 지녀 정신적·신체적 건강을 위협할 수 있습니다.
- 극심한 사내 불화, 지속적 불공정, 인권 침해, 번아웃과 우울증이 만연해 있는 조직입니다.
- 즉시 퇴사를 고려해야 합니다. 더 이상의 노력은 불필요하며 정신 건강 보호를 최우선으로 해야 합니다.
- 퇴사 전까지의 생존 전략으로 최소한의 에너지만 투입하기, 감정적 거리 두기, 필요시 증거 자료 수집하기, 외부 상담 및 지원 활용하기, 절대 조직을 탓하지 말고 빨리 떠나기 등을 시도해볼 수 있습니다.

| 마무리: 건강한 조직의 핵심 요소 |
- 건강한 조직의 3가지 필수 요소에는 명확한 비전과 목표, 신뢰를 바탕으로 한 개방적 소통, 성장 기회와 공정한 보상이 있다.
- 건강하지 못한 조직의 위험 신호로는 지속적인 파벌 나누기와 불화, 폭언, 괴롭힘, 인권 침해, 극심한 불공정이 있다.
- 당신이 조직을 바꿀 수는 없지만, 조직을 선택할 수는 있다.
    - 건강한 조직에서 성장하라.
    - 건강하지 못한 조직은 빨리 떠나라.
    - 당신의 시간과 에너지는 소중하다.

3개월마다 조직 건강성을 모니터링하고, 점수가 지속하여 하락하면 즉시 대응하세요.

PERSONAL
FIT

나를 잃지 않고
조직에서
성공하는
쓰리핏 전략

4부

조직 속의 '나'로 존재하는 법

"나는 나와 맞는 조직을
선택하고 그곳에서 성장할 수 있을까?"

1장

나를 아는 것이 먼저다

나는 이 조직과 맞는가

조직은 오랜 시간 동안 조직에 맞는 사람을 찾기 위해 애써 왔다. 채용 단계에서 컬처 핏을 중시하고, 직원 관리 시에도 조화와 충성도를 중요한 기준으로 삼는다. 이제는 질문을 반 대로 던져보자.

"나는 이 조직과 맞는가?"
"나는 이곳에서 나답게 일하며 성장할 수 있는가?"

이런 것이 퍼스널 핏이다. 퍼스널 핏(개인 적합성)은 개인의 관 심, 능력, 가치관 등이 조직의 환경적 특성과 방향에 얼마나 잘 맞는지를 의미한다. 다시 말해, 개인과 조직이 상호작용하는 과정에서 나타나는 적합성을 말한다.

퍼스널 핏에 관한 초기 연구는 개인과 직무P-J, 개인과 상사 P-S, 개인과 동료P-C와 같이 개인 사이의 핏P-P fit에 관심이 많았다. 그러나 팀제, 그룹제가 확산하면서 개인과 팀P-T, 개인과 그룹의 핏P-G fit에 관한 연구도 많이 이루어지고 있다.[26] 그런데 이제 나와 조직 사이의 핏을 조직의 시선이 아닌 개인의 관점에서 새롭게 정의할 필요가 있다. 퍼스널 핏이란 단순히 조직에 잘 적응하는 능력만을 뜻하지 않는다. 오히려 개인이 조직 내에서 몰입하고, 관계를 맺고, 성장하며, 때론 조직을 떠나는 선택까지도 감당할 수 있게 하는 힘을 의미한다. 따라서 조직과의 적합성을 따지기 전에 나의 정체성을 먼저 알아야 한다.

4부에서는 퍼스널 핏의 다양한 면모에 대해 알아보려 한다. 먼저 '나를 아는 것'에서 출발한다. 자신에 대한 인식 없이는 그 어떤 관계나 일도 지속하기 어렵다. 내가 어떤 가치를 중요하게 여기는지, 어떤 상황에서 몰입할 수 있는지, 맡은 일에 대한 나의 신념이 무엇인지를 알아야 조직 내에서 나의 위치를 가늠할 수 있다. 나아가 사람으로 이루어진 조직에서 나를 둘러싼 동료나 상사와의 핏, 즉 그들과 어떻게 관계를 맺고 협업해나갈 수 있을지를 살필 필요가 있다.

이러한 탐색을 통해 조직에서 '나'를 성장시키는 방식을 찾을 수 있다. 이 과정에서 조직이 나에게 더 이상 적합하지 않다고 판단되면, 조직을 떠나는 것도 성장의 일환이다. 조직에 머물든 떠나든, 나답게 일하는 방법을 찾아보는 것이 4부의 목표다.

나를 이해하고 지키며 일하기

조직에 속한다는 것은 단지 조직에서 주어진 어떤 역할을 맡아 일하는 것을 넘어, 나와 타인, 그리고 조직의 구조 사이에서 관계를 만들어가는 일이다. 많은 이들이 조직에 적응하기 위해 자신의 개성을 눌러야 한다고 생각하지만, 진정한 적응은 자신을 잃지 않으면서 조직과 접점을 찾는 것이다. 이것이 퍼스널 핏, 곧 조직 속에서 나답게 일하는 방식을 찾아가는 여정이며, 나로 존재하는 방법이다.

따라서 개인 적합성, 즉 퍼스널 핏의 출발점은 자기 인식이다. 조직에서 '나'로 당당히 존재하며 외부의 압력에 흔들리지 않고 초연하게 나의 자리를 지키려 한다면, 내가 누구인지, 어떤 환경과 과업에서 몰입하는지를 정확히 알아야 한다. 퍼스널 핏은 나를 조직이나 역할에 맞추기만 하는 것이 아니라, 그 안에서 나만의 고유한 특성과 정체성을 어떻게 지켜갈 것인가에 대한 물음이다. 조직과 나 사이의 접점을 찾는 과정에서 무엇보다 중요한 것은 나 자신을 정확히 이해하는 것이다. 자신을 이해하는 데는 크게 다음 3가지 핵심 요소가 작동한다.

• 자기 인식

나를 지키며 일하기 위해 가장 먼저 필요한 덕목은 자기 인식이다. 자기 인식은 내가 어떤 가치를 중요하게 여기며, 어떤 환경에서 편안함을 느끼고 무엇을 할 때 의미를 느끼는지 아는 것이다.[27] 한 예로, 대학을 졸업하고 대기업 마케팅팀에 입사하면 처음에는 화려한 프로젝트와 성과 중심의 문화에 흥미를 느끼는 경우가 많다. 하지만 시간이 흐르면서 성과 경쟁을 유도하고 야근을 당연시하는 환경이 지속되면 자신의 가치관과 멀어지고 있다는 사실을 알게 된다. 그러다 자신은 '워라밸'과 관계 중심의 업무 방식을 중요하게 생각해왔음을 뒤늦게 자각하고, 결국 비교적 유연한 근무 환경을 갖춘 소셜벤처로 이직하는 경우가 있다. 이는 자기 인식을 통해 일이 내 삶의 전부가 아니라는 깨달음을 얻고 진짜 자신에게 맞는 일 스타일을 찾아간 사례다.

• **몰입 경험**

자기 인식을 구체화하는 한 가지 방법은 몰입의 경험을 되짚어보는 일이다. 어떤 일을 할 때 시간 가는 줄 모르고 집중했는지, 또는 어떤 과업이 끝났을 때 만족감이 컸는지 등을 떠올려보면 내가 진심으로 좋아하고 잘하는 일의 단서를 발견할 수 있다.[28]

교육 관련 회사에서 영업직으로 일하던 선자 씨는 이 일이 자신과 맞지 않는다고 느끼고 이직을 고민하던 중에 사범대학 교육 실습 때 중학생의 교수·학습 전략을 고민하고 교안을 만드는 일에 몰입했던 경험을 떠올렸다. 이후 선자 씨는 교육 콘텐츠를 개발하는 소규모 회사의 기획 직무로 전환했고, 비록 일이 힘들어도 계속해보고 싶은 몰입의 감각을 그곳에서 다시 느낄 수 있었다. 이전과 달리 퇴근 후에도 업무 관련 아이디어가 떠올랐고, 팀원들과 함께 의미 있는 논의를 하며 활력을 되찾았다. 일이 고될 때도 있었지만 좋아하는 일에 몰입하다 보니 성과도 좋았고 승진도 빨랐다. 지금은 임원으로서 회사의 규모를 키우는 보람도 느끼며 콘텐츠 개발에 집중하고 있다.

- • **성격, 가치, 일 스타일에 대한 확신과 실천**

  자신의 성격 유형, 중요시하는 가치, 일하는 방식을 객관적으로 파악해나가는 과정은 조직에서 적응하고 발전하는 데 매우 중요하다. 그간 살펴본 자기 인식과 조직에서 몰입한 경험과 함께 MBTI, 빅5 같은 성격 검사를 해보거나 자율성, 안정성, 성장 등 자신의 핵심 가치를 정의해보는 작업은 구체적으로 나를 깊게 알아가는 실천적 방법이다.

  예를 들어, 평소 내성적이며 깊이 생각하는 성향을 가진 사람은 대면 소통과 즉각적인 반응이 요구되는 고객 서비스 업무에서 자주 번아웃을 경험한다. 성격 검사에서 내향성과 예민한 감수성이 함께 나타난다면, 이 사람은 혼자 탐색하고 구조화하는 일에 강점이 있다고 판단할 수 있다. 이런 사람은 사내의 데이터 분석팀으로 전환되거나, 조용한 환경에서 정리와 분석에 몰입할 수 있는 업무를 맡을 경우 오히려 높은 성과를 낼 가능성이 크다. 이처럼 자신의 성격과 일 스타일을 정확히 파악하여 조직 내에서 나답게 일할 수 있는 자리를 찾아내는 일은 지속 가능한 자기 계발 측면에서도 매우 중요하다.

퍼스널 핏은 단지 조직에 적응하는 기술이 아니라, 조직 안에서도 자기 자신을 유지하고 발전시킬 수 있는 토대다. 자신을 인식하고, 몰입의 순간을 되새기며, 자신의 성격과 가치를 확실히 깨닫고 실천하는 과정은 단순한 자기 이해를 넘어 건강한 커리어 설계로 이어진다.

조직 속에서 나를 잃는 순간들

조직에 처음 들어가거나 조직에서 새로운 역할을 맡게 되면 누구나 한 번쯤 '나는 여기에 어울리는 사람인가?'라는 질문을 던져보게 된다. 기본적으로 직장인 대부분은 일과 사람, 분위기, 상사의 리더십 등 모든 것이 낯선 상황이나 환경에서도 주변에 나를 맞추려는 태도를 보인다. 하지만 이 과정에서 자신이 중요하게 여기는 가치나 태도를 지나치게 억누를 때 '자기 상실'이라는 감정이 생긴다.

창의적 아이디어를 내고 직접 앱을 만드는 것을 즐기던 한 청년이 IT 스타트업에 입사했다. 그런데 회사의 문서 관리 일을 맡게 되었고, 아이디어를 내기보다 위에서 시키는 대로 개발하고 처리하는 일에 집중해야 했다. 처음에는 '적응하려면 참아야지.' 하고 생각했지만 점차 회의감이 들었고 결국 '내가 왜 이 일을 하고 있지?'라는 질문에 갇히게 되었다. 이는 '나다움'을 잃는 자기 상실의 전형적 사례다.

이러한 자기 상실은 '나다움'이 흔들리는 정체성 위기로 이어질 수 있다. '이게 정말 내가 하고 싶은 일인가?', '내가 왜 이렇게까지 해야 하지?'라는 질문이 떠오를 때, 이러한 고민은 단순히 조직에 적응하는 문제가 아니라 '내가 이 안에서 나답게 살아갈 수 있는가'라는 본질적 문제와 마주하는 것이다. 바로 이 지점에서 퍼스널 핏이 중요해진다.

나에게 맞는 조직을 어떻게 찾을 것인가?

퍼스널 핏은 나를 아는 데서 끝나는 것이 아니다. 내가 '진짜 나'로 살아갈 수 있는 조직을 탐색하는 일로 이어져야 한다. 다음 질문은 그 탐색을 위한 실마리를 제공한다.

- 이 조직은 개인의 다양성을 존중하는가, 아니면 동질성을 요구하는가?
- 나는 이 조직에서 나의 주요 가치를 실행에 옮길 수 있는가?
- 내가 몰입할 수 있는 일의 방식과 에너지를 이 조직에서 발휘할 수 있는가?
- 이 조직은 내가 성장하는 방향과 속도를 존중하는가?

조직 탐색은 나의 이력을 넘어, 삶의 방식에 대한 탐색이다. 그렇다면 나에게 맞는 조직을 어떻게 찾을 수 있을까? 먼저 간단한 셀프 체크리스트를 통해 나의 성향과 가치, 일하는 방식의 DNA를 구체화할 수 있다. 이를 바탕으로 입사 전 사전 인터뷰, 사내 문화 조사, 현직자와의 대화 등을 통해 그 조직의 특성을 파악하는 것이 중요하다. 다음 체크리스트를 통해 스스로 나와 조직의 핏을 판단해보자.

이러한 체크리스트를 스스로 만들거나, 관련 서적을 참고하여 혹은 상담을 통해 만들어보자. 이 과정에서 나를 알아갈수록 익숙했던 조직이 새롭게 혹은 다르게 보이기도 한다.

셀프 체크리스트

· 일의 리듬과 선호 스타일
  ☐ 나는 혼자 일할 때 더 집중이 잘되는가, 함께할 때 효율적인가?
  ☐ 나는 즉흥적 아이디어를 선호하는가, 구조화된 계획을 선호하는가?
  ☐ 나는 빠르게 결과를 내는 스타일인가, 깊게 파고드는 스타일인가?

· 업무 방식과 가치
  ☐ 나는 스스로 일의 방식을 선택하는 것을 선호하는가?
  ☐ 나는 자유롭게 아이디어를 내는 것을 선호하는가?

□ 나는 예측 가능한 환경에서 안정적으로 일하는 것을 선호하는가?

• 업무 몰입 상황과 환경

□ 내가 몰입했던 일은 무엇이었나? 그때 어떤 환경이었나?

□ 내가 지루하거나 힘들었던 일은 무엇이었나? 왜 그런가?

□ 혼자 집중하는 시간과 함께 일하는 시간 중 어느 쪽이 더 만족스러운가?

• 에너지 흐름과 워라밸 스타일

□ 회의 후 나의 에너지는 충전되는가, 소모되는가?

□ 조직에서 나는 성장을 위한 학습이나 도전을 원하는가?

□ 나는 일과 삶의 경계가 분명한 것을 선호하는가, 융합된 스타일을 선호하는가?

퍼스널 핏을 찾는 과정은 나를 지키며 살아갈 수 있는 환경을 설계하는 일이다. 자기 인식을 바탕으로 몰입의 순간을 해석하고 성격과 가치를 탐색해가면, 더는 나를 조직에 끼워 맞추지 않게 된다. 스스로 선택하고 조율하며, 나다운 방식으로 일하는 삶을 주체적으로 이끌 수 있게 된다.

퍼스널 핏은 조직 내 위치나 직책과 무관하게 누구나 스스로 만들어갈 수 있는 '내 일의 방식'에 대한 선택이다. 타인의 기준이 아니라 내가 중요하게 여기는 성장의 방식, 일의 의미, 인간관계의 방향을 기준으로 판단할 수 있어야 진짜 내게 '맞는 일'을 할 수 있다. 따라서 때로는 조직을 떠나는 결정도 퍼스널 핏의 일부다.

요점 정리 ● ● ●

- 퍼스널 핏은 개인과 조직의 상호작용에 따른 적합성을 말하는데, 이는 단순히 조직에 잘 적응하는 능력이 아니라 조직에서 몰입하고, 관계 맺고, 성장하며, 때론 조직을 떠나는 선택까지 감당할 수 있게 하는 힘을 의미한다. 또한 퍼스널 핏은 조직 속에서 나답게 일하는 방식을 찾아가는 여정이며, 나로 존재하는 방법이다.

2장

협업을 넘어 관계를 만드는 동료와의 핏

협업도 기술이다

동료와의 핏에서는 단순한 업무 호흡이나 협업을 넘어, 그들과 관계 맺기의 중요성이 강조된다. 팀 구성원의 협업 스타일은 사람마다 다른데, 이 차이를 인식하고 존중하지 않으면 관계는 쉽게 어긋날 수 있다. 빠른 실행을 중시하는 사람과 느리지만 신중함을 추구하는 사람, 상향식 의사소통을 선호하는 사람과 하향식 지시를 편안해하는 사람 등 다양한 협업 스타일을 실제 조직에서 흔히 볼 수 있으며, 이로 인한 충돌 상황은 수시로 발생한다.

동료 간 신뢰, 합리적 피드백, 업무 속 공감 대화 같은 요소를 바탕으로 "일 잘하는 관계를 어떻게 맺을 수 있을까?", "서로 다른 방식을 선호하는 동료와 어떻게 함께 일할 수 있을까?"라는 질문을 던지며 동료와의 핏을 생각해보자. 어쩌면 일 잘하는 동료보다 함께 일할 수 있는 협업의 기술이 더 중요하기 때문이다.

나의 업무 스타일을 먼저 파악하라

협업은 결국 동료와의 '관계' 속에서 이루어진다. 그 관계를 건강하게 만들기 위해서는 먼저 나 자신이 일하는 방식, 선호하는 업무 스타일을 잘 알아야 한다. 나는 누구와 잘 맞는가? 어떤 방식에서 갈등이 생기는가?

예를 들어, 상향식 스타일bottom-up인 사람은 업무를 시작하기 전에 다양한 의견을 수렴하고 충분히 논의한 후 방향을 정하려는 경향이 있다. 반면 하향식top-down 스타일인 사람은 빠르게 방향을 정하고 실행한다. 이 둘은 같은 목적을 향하고 있지만 협업 과정에서 충돌이 잦을 수 있다. 또 어떤 사람은 속도 중심으로 일을 추진하고, 다른 사람은 완결 중심으로 세세한 완성도를 추구한다. 이런 차이를 인식하지 못하면 갈등은 불가피하다. 협업은 단순히 동료와 함께 일하는 것이 아니다. 효율적 협업을 위해서는 다양한 기술과 신뢰에 바탕을 둔 관계가 필요하다. 이러한 기술과 관계를 형성하는 데 필요한 주요 요소로 소통 능력과 심리적 안전감을 들 수 있다.

소통 능력은 단지 말을 잘하거나 이메일에 빠르게 답하는 능력이 아니다. 상대에게 기분 좋고 듣기 좋은 말을 하는 것이 아니라, 상대에게 정보를 명확히 전달하고 설명하는 능력이 핵심이다. 예를 들어, 신상품 홍보 캠페인을 준비하는 마케팅팀이 디자인팀에 "예쁘게 디자인해서 잘 팔릴 수 있도록 해주세요"라고 말하면 디자이너는 모호하고 혼란스러울 수밖에 없다. 그 대신 "타깃은 30대 전문직 여성이고, 세련됨보다는 편안함을 주는 디자인이면 좋겠어요"라고 말하면 이해와 협업이 훨씬 원활해진다.

심리적 안전감은 서로 다른 생각을 허심탄회하게 말할 수 있는 분위기를 뜻한다. 누구나 실수할 수 있고, 아이디어가 반려될 수도 있다. 그러나 그런 상황에서도 공격받지 않는다고 느껴야 창의성을 발휘할 수 있다. 구글의 '아리스토텔레스 프로젝트Project Aristotle'에서 성과가 높은 팀의 공통점을 조사한 결과, 주요인은 심리적 안전감이었다. 자기 생각에 확신이 없어도 솔직히 말할 수 있고, 부정적 피드백을 받아도 부끄럽지 않고, 실수가 있었음에도 관계가 깨지지 않는 분위기가 결국 더 나은 결과를 만들어내는 것이다.

피드백은 관계를 단단하게 만드는 도구다

많은 조직에서 피드백이 비판이나 부정적인 평가로 여겨진다. 그러나 제대로 된 피드백은 관계를 단단하게 만들 뿐 아니라, 개인과 조직이 성장하고 개선하는 데 핵심적 역할을 한다. 또한 피드백을 통해 자신의 강점과 약점을 객관적으로 파악할 수 있어, 실력을 키우고 발전할 기회가 된다. 그리고 솔직하고 존중감 있는 피드백은 신뢰를 쌓고 팀워크와 협업을 강화한다. 무엇보다 제품이나 서비스, 업무의 문제점을 빠르게 발견하고 개선 방향을 찾을 수 있으므로 정기적인 피드백은 목표에 집중하여 성과를 높이는 데 도움이 된다.

그러나 부정확하거나 주관적인 피드백, 감정적으로 전달되거나 충분한 맥락 없이 이루어진 피드백은 오히려 혼란을 준다. 비판적 피드백이 적절한 방식으로 전달되지 않으면 상대가 상처를 받거나 방어적으로 반응한다. 특히 수직적 관계에서 피드백이 지시나 비난처럼 들리면 상호 신뢰를 훼손하며, 과도하고 빈번한 피드백은 스트레스와 부담을 유발하고 자율성을 위축시킨다.

이처럼 피드백은 상황에 따라 장단점이 공존하며, 어떻게 피드백을 주고받느냐에 따라 결과는 달라진다. 예를 들어 "이거 좀 이상해요. 뭔가 잘못된 것 같아요"라고 말하기보다 "이 부분은 이러한 상황과 이유로 볼 때 보완이 좀 더 필요한 것 같아요. 어떻게 생각하세요?"라고 제안과 존중의 언어를 사용하는 것이 중요하다. 피드백은 가능한 구체적이어야 하고 사람이 아니라 일에 대해 주어져야 한다. 그래야 피드백받는 사람이 방어적 태도 없이 피드백을 수용하여 개선으로 이어갈 수 있다.

피드백은 주는 것만큼이나 받는 자세도 중요하다. "감사합니다. 그런 이유라면 개선할 필요가 있겠네요"라는 진지한 수용의 말 한마디가 동료 간 신뢰를 구축하고 건강한 피드백이 지속되는 강력한 기반이 된다. 건강한 피드백 문화가 있으면 구성원들이 의견을 자유롭게 표현할 수 있는 조직이 된다. 그러나 구체적이지 않거나 실행 가능한 제안이 없는 피드백은 비록 수용된다고 해도 실질적 변화로 연결되지 않는다.

관계의 핵심은 신뢰다

협업이나 피드백 과정에서 오해나 갈등은 필연이다. 문제는 갈등 그 자체가 아니라 갈등을 관리하는 방법이다. 예컨대 어느 스타트업에서 기획자와 개발자 사이에 반복되는 갈등이 있었다. 기획팀은 시제품이라도 빨리 만들어달라고 주장했고, 개발팀은 완성되지 않은 제품을 오픈하면 경쟁사에 정보가 노출될 수 있으며 부정확한 피드백이 돌아오는 등 문제가 생긴다면서 반대했다. 긴 논의 끝에 결국 개발팀이 제품의 기능을 작은 단위로 테스트하는 방식을 도입함으로써 부분적이나마 양측의 요구가 조정되었다. 중요한 점은 서로의 입장이 맞고 틀린 것이 아니라 이해하는 방식과 문제를 해결하려고 노력하는 태도다. 갈등은 어차피 없앨 수 없다. 팀 간 혹은 팀 내에서 언제든 발생할 수 있다. 그러므로 그것을 관리하고 해결하려는 태도가 중요하다.

협업이든 피드백이든 함께 오래 일할 수 있는 사람은 결국 신뢰받는 사람이다. 신뢰는 하루아침에 생기지 않는다. 약속을 지키고, 말보다 행동으로 보여주고, 동료의 어려움을 함께하려는 태도에서 시작된다. 최근 '공감 미팅empathy meeting' 혹은 비슷한 취지의 정기적인 감정 공유, 감사 표현, 정서적 소통을 목적으로 한 미팅문화를 운영하는 회사나 조직이 늘어나는 추세라고 한다. 공감 미팅은 성과 보고나 업무 회의가 아니다. 동료 간 감사와 피드백, 어려움을 공유하는 시간이다. 이러한 시도는 정서적 유대감을 형성하고 업무와 사람 관계의 균형을 맞춰준다.

조직에서는 혼자 일할 수 없다. 조직은 관계의 집합이고, 그 중심에 협업이 있다. 협업은 단지 업무를 나누는 것이 아니라 관계를 쌓고 신뢰를 교환하는 과정이다. 일 잘하는 사람이 되는 것도 중요하지만 함께 일할 수 있는 사람이 되는 것이 오래 관계를 유지하는 힘이다. 자신과 동료의 협업 방식을 이해하고, 다양한 스타일을 존중하며, 심리적 안전감을 조성하고, 갈등을 관리하며, 정중하고 구체적인 피드백을 주고받을 수 있을 때, 단지 좋은 동료가 아니라 함께 성장할 수 있는 사람으로 자리매김한다. 협업은 기술이자 태도다. 그리고 그 출발점은 관계에 대한 신뢰와 존중이다.

사례 14

💬 **동료와 핏을 완성하는 애플의 팀워크 문화**

아직도 많은 사람에게 '애플'은 스티브 잡스의 절대적인 능력과 비전으로 기억되지만, 실제로 애플의 경쟁력은 개인이 아닌 '팀'에 있다. 애플의 팀워크 문화는 단순한 협업을 넘어 각자의 전문성을 인정하며 정교하게 조율된 합주에 가깝다는 평가를 받는다. 이러한 애플에 대해 조직 문화 학자들은 "긴밀한 협업과 유연하고도 경계를 넘나드는 다분야 통합팀Deep collaboration, and fluid, multi-disciplinary teams"[29] 이라고 표현했다. 부서 간 벽을 허물고 서로의 영역을 존중하면서도 유기적으로 깊이 연결된 협업이 이루어진다는 것이다.

애플에서는 어떤 제품을 만들 때 디자인, 하드웨어, 소프트웨어, 마케팅, 판매까지 전 부문의 담당자가 동시에 논의에 참여한다. 전통적 기업에서는 디자인이 끝나야 개발이 시작되는 일차원의 프로세스를 따르지만, 애플은 이러한 방식을 철저히 배제하여 초기 단계부터 모든 팀이 함께 아이디어를 공유하고 격론을 벌이며 더 나은 방향을 모색한다. 이러한 과정은 필연적으로 갈등을 동반하지만 바로 그 지점에서 '핏'이 중요해진다. 서로 다른 역할과 관점이 어떻게 조화를 이루는지가 애플 팀워크의 핵심이다.

이러한 애플의 협업에는 높은 기준과 강한 긴장감이 뒤따른다. 애플 직원들은 흔히 "똑똑한 사람들이 많고, 서로를 존중하면서도 무척 솔직하다"라는 말을 듣는다. 겉으로 부드럽지만, 안에서는 치열한 토론이 오간다. 자신의 의견을 분명히 말하되, 동료의 전문성과 논리를 존중하는 자세를 보인다. 실수를 지적받는 것에 예민하지 않고 개선에 집중하는 태도가 동료 간 핏을 만들어낸다. 애플 내부에서는 이를 '이견을 제시하되 결정에는 따르자disagree and commit'는 문화로 설명한다. 애플의 팀워크는 동의하지 않더라도 팀이 결정하면 기꺼이 함께 책임지고 일하는 태도를 중시하는 문화다.

애플은 '개인의 역량'보다 '함께 일할 수 있는 태도'를 더 중시하는데, 이는 개인의 뛰어난 포트폴리오보다 팀 안에서 조율하고 대안을 제시할 수 있는 사람을 선호하는 채용 기준에서도 드러난다. 애플은 그래서 '하나 된 애플one Apple'이라는 말을 자주 쓴다. 하나의 애플이라는 정체성 속에서 다양한 차이와 개성을 조화롭게 맞춰가는 것, 그것이 애플 팀워크 문화이고 동료와의 핏을 완성하는 방식이다.

요점 정리 ● ● ●

• 동료와의 핏에서는 단순한 업무 호흡을 넘어 그들과 관계 맺기의 중요성이 강조된다. 일 잘하는 동료보다 함께 일할 수 있는 협업의 기술이 더 중요하기 때문이다.

• 애플의 팀워크는 단순한 협업을 넘어 각자의 전문성을 인정하며 정교하게 조율된 합주에 가깝다는 평가를 받는다. 애플의 팀워크는 문화이고 동료와의 핏을 완성하는 방식이다.

3장

수직 관계를 재정의하는 상사와의 핏

관계가 아닌 방식의 문제일 수 있다

"우리 상사와 정말 안 맞는다"라는 말은 직장생활에서 자주 하거나 듣는 말이다. 조직에 입사한 지 얼마 안 된 신입 사원부터 하물며 경력자에게도 상사와의 관계는 늘 쉽지 않은 주제다. 보고하는 방식이 서로 다르거나 업무 스타일이 달라서 생기는 오해 또는 단순히 말투나 분위기에서 오는 거리감까지, 맞지 않는 부분은 다양하다.

상사와 나 사이의 갈등 유형은 다양하지만 그 뿌리를 조금 더 들여다보면 단순한 성격 차이가 아니라 관계 맺는 방식의 불일치라는 원인을 발견할 수 있다. 많은 사람은 갈등이 생기면 회피하거나 아예 복종하거나 또는 무시하는 방식으로 대응한다. 그러나 이 방식은 갈등을 해소하기보다 감정의 찌꺼기가 쌓이게 만든다. 갈등이 지속되면 업무에 영향을 주고, 정체감의 혼란이나 퇴사 욕구로 이어진다.

상사와의 핏은 수직적 관계 속에서도 자율성과 성장의 가능성을 모색하는 데 의미가 있다. 상사와의 갈등은 퇴사의 주요 원인이 될 정도로 치명적일 수 있지만, 갈등 그 자체보다 '어떻게 대응하고 어떤 의미로 재해석하는가'가 더 중요하다. 특히 멘토-멘티 관계의 중요성과 더불어, 수직적 관계가 권력만의 문제가 아니라 성장의 경로가 될 수도 있다는 점을 기억하자. 좋은 사수가 될 수 있는 선배, 진심 어린 피드백을 주는 상사와의 관계 속에서 후배는 조직에서 새로운 가능성을 발견할 수 있다.

기억해야 할 사실은 '상사와의 관계는 바꾸기가 어렵다'는 전제 자체를 재점검하는 일이다. 상사와의 관계는 흔히 말하듯 운에 좌우되는 것이 아니라, 내가 어떤 방식으로 대응하느냐에 따라 전혀 다른 방향으로 전개될 수 있다. 이러한 관점에서 보면 상사와의 거리감이나 갈등은 오히려 나의 성장 기회가 될 수 있다.

상사에게도 스타일이 있다

상사와 갈등을 줄이기 위해서는 무엇보다 '그 사람은 어떤 사람인가?', '어떤 스타일의 사람을 선호하는가?'를 파악하는 것이 중요하다. 우리는 동료와는 친해지려 노력하면서도 상사는 일방적인 통제자로 생각하여 어려워하거나 피하려는 경향이 있다. 그러나 상사에게도 그만의 독특한 스타일이 존재하며, 그에 따라 관계를 맺는 방식도 달라진다.

상사의 스타일 혹은 리더십에 관해서는 오래전부터 연구가 이어져왔다. 특히 레빈Lewin 등은 상사의 리더십 스타일을 권위형, 민주형, 방임형으로 구분했는데[30] 이를 고전적 리더십이라 부른다. 이후의 연구에서는 조직 구성원의 성숙도에 따라 지시형, 설득형, 참여형, 위임형으로 나누기도 했으며[31], 캐츠와 칸Katz & Kahn(1978)은 조직 내 인간관계를 중심으로 지시, 지원, 방임 유형으로 구조화하기도 했다.

한편, 대니얼 골먼Daniel Goleman은 감성 지능Emotional Intelligence에 기반한 6가지 리더십 스타일을 제시했다. 지시형, 비전형, 친화형, 민주형, 모범형, 코치형이 그것이다.[32] 그는 이 중에서 특히 코치형 상사의 개념을 강조하며 효과적인 리더는 상황에 따라 다양한 스타일을 유연하게 적용한다고 말했다.

다음에서 서로 다른 세 종류의 리더 스타일과 거기에 효과적인 대응을 생각해본다.

• **지시형 상사:** 결과 중심의 성향으로 빠른 결정을 선호하며 명확한 보고를 요구한다. 부하 직원에게는 즉각적 실행과 성과를 기대한다. 지시형 상사에게는 주기적인 정리 보고와 선택지를 갖춘 제안이 효과적이다.

• **방임형 상사**: 부하의 일에 개입하지 않거나 관심이 거의 없는 듯이 보이는 유형이다. 자율성을 선호하는 것 같지만 방치처럼 느껴질 수 있다. 이 경우 스스로 상사를 만나거나 보고하는 루틴을 만들고, 일에 관해 요청할 때는 명확하게 구조를 제시하면 효과적이다.

• **코치형 상사**: 피드백을 자주 주고 과정과 성장을 두루 중요하게 여긴다. 시도를 격려하고 실패를 용인하며 부하 직원을 동료처럼 대하고 함께 일하려 한다. 코치형 상사에게는 피드백을 적극적으로 요청하고 고민을 공유하면 친밀해지고 관계가 깊어질 수 있다.

이처럼 상사의 다양한 성향을 무조건 이해하고 거기에 맞춰주는 것이 아니라, 그에게 맞게 나의 소통 전략을 세우는 것이 관계의 첫걸음이다. 서로 다른 언어를 사용하는 사람과 대화하려면 번역이나 통역이 필요하듯이 상사와도 다름을 인정하고 차이를 좁힐 수 있게 전략을 조정하는 것이 필요하다.

피하는 것은 기술이 아니다

상사와의 거리나 불편함은 피한다고 줄어들지 않는다. 오히려 피할수록 감정이 쌓이고 상황은 더 심각해진다. 중요한 것은 감정이 아닌 기준 설정이다. 예컨대, 반복되는 상사의 모호한 지시에 대해 "부장님, 마감일과 그때까지 기대하시는 결과를 명확히 알려주시면 좋겠습니다"라고 말해보자. 이는 불편한 감정을 피하거나 참는 것이 아니라, 나를 지키면서 상사와의 관계도 지키기 위한 말이다. 효과적인 말 걸기 기술은 상사에게 단지 "모르겠어요", "어려워요"라고 말하는 것이 아니라 구체적으로 상사를 설득하면서도 나의 마음과 상황을 표현하는 것이다.

예를 들어 "과장님, 그 방식은 저에게 어려워요"라고 말하는 대신, "과장님, 그 방식보다 이런 것이 저에게는 더 효과적인 것 같아요"라고 바꿔 말할 수 있다. "팀장님, 그건 알 수 없어요"를 "팀장님, 이 부분의 정보가 더 필요할 것 같습니다"로 바꾸어 말하며 필요한 정보를 요청할 수 있다. 이러한 표현은 방어적이지 않으면서도 상사와의 관계에서 나의 의견을 주장할 수 있는 안전한 언어다. 상사를 어떻게 대하느냐에 따라 상사는 단순한 지시자가 아니라 나의 성장 레버리지(지렛대)가 될 수 있다. 상사도 결국 내가 배우는 방식으로 관계 맺을 수 있는 대상이다.

사례 15

💬 SAP의 오픈 커뮤니케이션 문화

독일의 글로벌 소프트웨어 기업 SAP는 상사와 팀원의

위계적 거리감을 줄이기 위한 '오픈 커뮤니케이션' 문화를 강하게 실천하고 있다. SAP는 모든 리더에게 '듣는 리더십listening leadership'을 강화하도록 교육하고, 오히려 팀원이 상사에게 실시간 피드백을 줄 수 있는 시스템을 운영한다.

SAP에는 '피드백 프라이데이즈Feedback Fridays'라는 문화가 자연스럽게 자리를 잡았다. 이 시간에는 성과 평가와 무관하게 동료와 상사가 서로 피드백을 주고받으며 불편하거나 아쉬운 부분을 직접 전한다. SAP는 이 과정을 '성장 중심 피드백'이라 부른다.

예를 들어 한 직원이 상사의 의사 결정 방식이 일관되지 않아 혼란을 느낀다면 이를 감정적으로 표현하는 대신 "업무 변경 이유를 미리 논의하면 더 효율적일 것 같습니다"라고 말한다. SAP는 이런 피드백을 부정적인 것이 아닌 함께 일하는 방식을 조정하는 도구로 간주하는데, 이는 상사도 나의 성장 파트너가 될 수 있다는 메시지를 전달하는 데 효과가 있다.

이처럼 SAP의 리더십 문화는 상사를 무조건 따르기보다 상사와의 관계 안에서 내가 의견을 표현하고 조정할 수 있는 환경을 만드는 데 중점을 둔다. 갈등 상황도 그 안에서 건설적으로 다루어진다. SAP 사례에서 중요한 점은 조직이 '상사에게 말해도 되는 분위기'를 구조적으로 만들어 준다는 것이다.

나답게 일하는 관계 만들기

상사와의 관계는 피할 수 없는 운명 같지만, 그 안에서 어떤 방식으로 관계를 설계할지는 내가 선택할 수 있다. 단지 말 잘 듣는 순한 부하가 되거나 무관심하게 거리를 두는 방식이 아니라 '나답게 일할 수 있는 관계'를 만드는 것이 중요하다.

이를 위해 필요한 3가지 핵심 태도를 같이 생각해보자.

- **다름을 인정하는 관찰자 되기:** 상사도 특정 성향을 지닌 사람이라는 전제에서 출발해야 한다.
- **나의 업무 스타일 설명하기:** 일방적으로 상사에 맞추는 것이 아니라 나의 방식도 전달해야 한다.
- **관계를 관리하는 감정 근력 키우기:** 거리 두기, 요청하기, 피드백 주기 등도 기술이다.

상사는 내가 어쩔 수 없는 사람이 아니라 내가 설계할 수 있는 협업 대상이라는 생각의 전환이 필요하다. 이렇게 바라보면 상사와의 갈등이 스트레스의 원천이 아니라 내가 일하는 방식과 관계 맺는 방식을 배우는 기회로 바뀐다. 조직에서 팀원은 완벽한 상사를 원하면서도 스스로는 좋은 팀원이 되는 법을 고민하지 않는 경우가 많다. 상사와의 관계도 결국은 상대를 어떻게 대하느냐보다 내가 어떻게 존재하느냐의 문제다. 상사와의 갈등이 찾아올 때 피하지 말고 스스로 이렇게 물어보자. "나는 이 관계를 어떻게 맺고 싶은가?"

💬 상사와의 핏을 설계하는 IBM의 멘토링 시스템

IBM은 전통적인 하드웨어 IT 기업이라는 이미지와 달리, 사람 간 관계와 성장에 투자하는 조직문화를 가졌다. 그중에서 눈에 띄는 것이 체계적이고 유연한 멘토링 시스템이다. 이 시스템은 단순한 위계적 코칭이 아니라 상사와의 핏을 발견하고 발전시키는 '맞춤형 관계 설계'에 가깝다.

직원이 IBM에 입사하면 자동으로 하나의 멘토링 네트워크에 연결된다. 이 네트워크는 공식 멘토, 비공식 멘토, 그리고 '커리어 챔피언'으로 구성된다. 공식 멘토는 조직과 역할에 대한 이해를 돕고, 비공식 멘토는 사내 문화와 일상적 도전에 대해 조언하며, 커리어 챔피언은 장기적 성장 방향에 대해 함께 논의한다. 이 멘토링 구조 속에서 상사는 지시자가 아니라 구성원이 가장 잘 일할 수 있는 방식을 함께 탐색하는 파트너로 작동한다.

IBM의 한 소프트웨어 엔지니어는 멘토링 과정을 통해 자신이 상향식 사고를 지녔다는 점을 상사와 함께 인식했고, 이에 따라 팀 운영 방식도 더 유연하게 바뀌었다. 상사는 팀 내 업무 흐름을 일방적으로 정하지 않고, 프로젝트 진행 초기부터 의견을 수렴하며 협업 방식을 함께 설계했다. 이처럼 직무 스타일, 피드백 선호도, 업무 몰입 방식 등의 차이를 상호 인식하고 조정해가는 과정은 상사 간 관계가 단순한 보고 체계를 넘어 신뢰 기반의 협력 관계로 발전하는 데 중요한 역할을 한다.

IBM은 이를 위해 사내 플랫폼인 유어러닝YourLearning과 멘토플레이스MentorPlace를 활용해 직원이 스스로 멘토를 선택하고, 상사와 피드백을 주고받는 프로세스를 디지털화했다. 또한 멘토링 관계를 주기적으로 리뷰하며 단순히 조언을 듣는 관계가 아니라 나와 맞는 상사 또는 동료와의 관계를 어떻게 조율하고 성장의 촉진자로 삼을 수 있는지를 끊임없이 점검한다.

IBM의 멘토링 문화는 '누가 나의 상사인가?'보다 '그 상사와 어떤 관계를 만들 것인가'에 집중한다. 이는 개인이 상사와의 핏을 수동적으로 받아들이는 것이 아니라 능동적으로 구축해나갈 수 있다는 메시지를 준다. IBM 멘토링은 "상사와의 관계는 운이 아니라 설계의 문제"라고 말한다.

요점 정리 ● ● ●

• 상사와의 핏은 수직적 관계 속에서도 자율성과 성장의 가능성을 모색하는 데 의미가 있다. 상사는 내가 어쩔 수 없는 사람이 아니라 협업의 대상이라는 생각의 전환이 필요하다. 상사와의 거리나 갈등은 오히려 나의 성장 레버리지가 될 수 있다.

⌄

4장

나를 성장시키는
퍼스널 핏

⌄

성장에도 핏이 필요하다

나를 성장시키는 방식은 효율적인 퍼스널 핏을 통해 조직에서 나의 지속 가능성을 탐색하는 일이라 할 수 있다. '이 조직에서 나는 계속 성장할 수 있는가?'라는 질문은 단지 커리어패스career path의 문제가 아니라 자율성과 동기의 문제이기도하다.

다음에서는 자기 주도 학습을 포함한 조직 내·외부에서의 학습 루트와 스스로 성장 기회를 발견하고 만드는 과정, 사례를 알아본다. 무엇보다 나를 성장시키기 위해서는 조직에서 겪은 실패 경험을 '성장의 소재'로 바꾸는 태도가 중요하며, 성장은 주어지는 것이 아니라 설계하고 책임지는 것임을 기억할필요가 있다.

"회사에서 교육도 해주고 승진 기회도 많은데, 왜 나는 답보 상태일까?"

"분명 좋은 조직인데 이상하게 나는 성장하지 못하는 기분이야."

이와 같은 생각을 해본 적이 있는가? 많은 사람이 자신의 성장에 대해 이야기할 때 놓치기 쉬운 전제가 하나 있다. 성장은 결국 나와 조직의 관계 속에서 일어난다는 점이다. 조직이 아무리 훌륭한 시스템을 갖추고 있어도 그 조직 내에서 나의 방식으로 배우고 성장할 수 없다면 그것은 진짜 성장이 아니다. 이 지점에서 중요한 키워드가 '퍼스널 핏'이다. 조직이 추구하는 가치와 방식이 나와 맞아야 하고, 내가 일하고 배우는 스타일이 조직 내에서 살아 숨 쉬며 성장할 수 있어야 한다. 성장도 결국 '핏'에서 완성되는 것이다.

과거에는 조직에 들어가기만 하면 알아서 성장할 수 있는 여건이 주어진다고 믿었다. 정해진 승진 코스, 승진을 위한 연차와 교육, 상사의 추천 등 '시켜주는 성장'의 체계 안에 놓여 있었다. 그러나 오늘날의 조직은 다르다. 조직 자체가 가변적이고 일은 유동적이며 커리어는 개별화되었고 배우는 방식은 다원화되었다. 이제 성장은 누가 시켜주는 것이 아니라 스스로 찾고 만들어가는 것이다.

성장을 자신의 책임으로 인식하지 않으면 조직 내외에서 발생하는 기회를 붙잡을 수 없다. 이것은 여러 전문가가 공통적으로 지적하고 강조한 말이다. 조직에서 자기 주도적 성장은 이제 선택이 아닌 필수가 되었다.

나만의 방식으로 질문과 목표를 설정하라

자기 주도성은 무작정 열심히 하겠다는 각오만으로 생기지 않는다. 오히려 자신에 대한 깊은 이해와 현실 인식에서 비롯된다. 이런 질문이 필요하다.

- 나는 무엇을 잘하고, 무엇이 부족한가?
- 나는 무엇을 배우고 싶은가?
- 내가 진정으로 원하는 다음 단계는 무엇인가?

이러한 질문은 막연한 불안이나 욕심 대신 나만의 성장 방향을 명확히 설정할 수 있도록 돕는 내비게이션이다. 매일 짧은 시간이나마 스스로 '성장의 시간'을 만들어보자. 업무가 끝난 후 자신에게 물어보자. "나는 오늘 무엇을 새로 배웠는가?", "내가 했던 일 중 어떤 것이 의미 있었나?", "반복되는 어려움은 무엇이었고, 다음엔 어떻게 다르게 할 수 있을까?" 이러한 질문을 계속하다 보면 일상의 경험이 배움으로 바뀌고 명확한 전략으로 정리된다.

또한 조직에서 지속 가능한 성장을 원한다면 내가 어떤 방식으로 성장하는 사람인지 먼저 알아야 한다.

• 나는 빠른 실행 속에서 배우는가, 아니면 깊은 생각과 반복을 통해 배우는가?

• 나는 피드백을 자주 받아야 동기부여가 되는가, 아니면 스스로 돌아보며 정리하는 시간을 더 중요하게 여기는가?

이러한 질문은 나의 성장 전략을 짜기 위한 첫걸음이다. 자기 주도 학습은 이러한 자기 이해를 기반으로, 스스로 목표를 세우고 필요한 자원을 찾아내며 배움을 실행하는 능력이다.

자기 주도적인 사람들은 주기적으로 성장 목표를 정하고 정기적으로 점검한다. 그리고 내가 혼자 일할 때 가장 잘 몰입할 수 있는지, 페어워크나 그룹 간 활동을 선호하고 몰입하는지 등 자신에게 적합한 학습 환경을 파악하여 선택하며, 상사나 동료에게 필요한 피드백을 능동적으로 요청한다. 이렇게 조직의 구조 안에서 나만의 성장 루트를 설계하는 주도성이야말로 퍼스널 핏을 기반으로 한 진짜 성장이라 할 수 있다.

사례 17

💬 자기 주도형 성장 동력으로 탄생한 「인사이드 아웃」

픽사는 세계적인 애니메이션 스튜디오이자 창의적인 스토리텔링을 만들어내는 대표 기업이다. 많은 사람이 픽사의 화려한 영상미나 감동적인 스토리에 주목하지만, 그 이면에는 자기 주도적 성장이라는 조직의 뿌리가 있다. 픽사는 구성원의 자율성과 창의성을 극대화할 수 있는 조직 환경을 구축함으로써 단순한 애니메이션 기업이 아닌, 지속하여 성장하고 실험하는 학습 공동체로 자리매김하고 있다.

대표적 사내 교육 프로그램인 '픽사 유니버시티Pixar University'는 직원이 직무 교육을 넘어 자신의 흥미와 필요에 따라 자유롭게 강의를 선택할 수 있는 열린 플랫폼 역할을 한다. 스토리텔링, 애니메이션 기법, 연기, 철학, 도예, 수학, 심리학 수업까지 다양하게 개설되어 있으며, 직급과 부서에 상관없이 누구나 참여할 수 있다. 이 교육은 직원의 창의적 감각 개발과 사고 확장에 목적을 두고 있다. 픽사는 구성원이 스스로 배우고 성장할 수 있도록 자기 주도성과 자율을 보장하는 문화를 바탕으로, 장기적 관점에서 개인의 성장과 조직의 발전을 연결 짓는다.

자기 주도적 성장 문화는 실제 프로젝트에서 빛을 발했다. 픽사의 대표작 중 하나인 「인사이드 아웃」은 감정이라는 복잡한 개념을 어린이도 이해할 수 있는 방식으로 시각화한 작품으로 유명하다. 이 프로젝트는 초기 단계부터 다양한 배경의 팀원들이 자유롭게 아이디어를 제안하고 실험하는 방식으로 진행되었다. 제작 초기에는 감정 캐릭터의 수가 무려 27개였지만, 크리에이티브팀이 반복적으로 검토한 끝에 5가지 핵심 감정으로 압축되었다. 이 과정에서 신입 애니메이터나 기술 스태프가 낸 제안이 스토리와 캐릭터 디자인에 반영되기도 했다. 그들은 시키는 일만 한 것이 아니라 자신이 작품의 방향을 함께 만들어가는 주체라는 생각으로 참여한 것이다.

또한 픽사는 '데일리Daily'라고 불리는 팀 회의를 통해 자기 주도적 피드백과 학습을 일상화했다. 이 회의에서는 감독과 제작진이 한자리에 모여 현재 진행 중인 애니메이션 영상을 보면서 실시간으로 피드백을 주고받는다. 누구나 자유롭게 의견을 제시하고, 본인의 실수나 시행착오를 솔직하게 공유한다. 구성원 간 신뢰가 기반이 된 자기 주도형 학습 구조인 셈이다.

픽사의 이러한 동력은 조직이 밀어붙여 성장시키는 것이 아니라 스스로 배울 수 있도록 환경을 설계하는 방식에서 출발한다. 현재 직무와는 무관한 미래지향적인 학습, 자유로운 토론, 실패에 관대한 조직 분위기 속에서 구성원은 창조하고 혁신하는 사람으로 성장할 수 있다. 자기 주도는 단순히 개인의 의지 문제가 아니다. 픽사의 사례는 자율성을 존중하고 모험과 실험을 가능케 하는 조직이야말로 개인의 성장을 실현하는 토대가 된다는 점을 보여준다. 성장하고 싶은 개인에게, 그리고 사람을 성장시키고 싶은 조직에게 픽사는 성공적인 모델이 되고 있다.

조직 안팎의 자원을 활용하라

성장은 결코 혼자만의 결과가 아니다. 조직에서 함께 일하는 동료, 팀장, 프로젝트 경험, 사내외 네트워크는 모두 중요한 성장 자원이다. 이를 '성장 파트너'로 바라보는 관점이 필요하다. 예를 들어 구글의 '20퍼센트 프로젝트'는 구성원이 자신의 시간 중 일부를 관심 있는 프로젝트에 자율적으로 사용할 수 있게 한다. 이를 통해 지메일Gmail이나 구글 뉴스Google News와 같은 혁신적인 결과물이 탄생했으며, 동시에 구성원의 동기와 자기 주도 역량도 강화되었다.

국내에서도 '성장 짝buddy'과 같은 제도를 시행하는 조직이 늘어나고 있다. 같은 시기 입사자와 짝을 이루어 서로의 학습 경험을 공유하고 정기적으로 고민을 나누는 구조다. 이는 멘토링을 넘어 수평적 학습 네트워크를 형성하게 해준다.

조직 외부의 자원도 중요하다. 온라인 학습 플랫폼, 커뮤니티 모임, 스터디 동호회, 사내외 코치 등 다양한 선택지가 있다. 중요한 것은 '이런 게 있다'를 아는 것이 아니라 실제로 배움의 물꼬를 트는 실행력이다.

조직은 교육 프로그램, 멘토링, 리더십 트랙, 사내 스터디 등 구성원에게 다양한 자원을 제공한다. 그러나 중요한 점은 '이들 자원을 나에게 필요한 방식으로 이용하고 있는가?' 하는 것이다. 어떤 사람은 공식적인 코칭보다 동료와의 일상 대화에서 더 큰 배움을 느낀다. 또 어떤 사람에게는 실무 프로젝트 자체가 최고의 성장 기회다. 문제는 제공되는 자원 자체가 아니라 나에게 맞는 자원으로 설계하고 활용하는 일이다.

사용자 경험 리서치 스타트업인 미띵스Methinks는 전 직원이 월 1회 '성장 대화' 시간을 갖는다. 업무 리뷰나 성과 점검이 아닌 "최근 무엇을 배웠는가?", "어떤 동료에게 도움을 받았는가?"를 얘기하고 정보를 나누는 자리다. 이러한 시간을 통해 서로의 성장 방식을 존중하고, 개인에게 적합한 피드백이 이루어지는 문화가 만들어졌다. 조직이 무엇을 제공하는지만 볼 것이 아니라 그 자원을 어떻게 나만의 성장 방식으로 해석하고 자기화하는지가 중요하다. 이것이 퍼스널 핏을 실천하는 가장 구체적인 방법이다.

나만의 학습 루틴을 설계하라

많은 이들이 "일이 바빠서 배울 시간이 없다"고 말한다. 하지만 진짜 배움은 일 외의 시간이 아니라 일 안에서 일어난다. 반복되는 업무 속에서 통찰을 발견하고, 실패를 돌아보며 의미를 찾고, 업무상 만나는 사람들과의 대화를 통해 얼마든지 배움을 확장할 수 있다.

한 외국계 기업에서는 업무 후 10분 동안 하루를 돌아보는 '러닝 저널learning journal'을 쓰도록 권장한다. 실무 과정에서 나온 질문, 놓쳤던 통찰, 동료의 조언 등을 기록한다. 이는 자연스럽게 다음 업무에 대한 개선안으로 이어진다.

사실 '일하면서 배우는 것'은 많은 조직이 강조하는 키워드다. 그러나 그 일이 누구에게는 성장의 기회가 되고, 누구에게는 소모적 반복이 된다. 그 차이는 '학습 루틴'의 유무에서 온다. 퍼스널 핏 관점에서 학습 루틴을 설계하는 것은 자신의 에너지 흐름, 업무 스타일, 피드백 선호도 등을 반영한 나만의 성장 시스템을 만드는 일이다. 매주 특정 요일마다 10분간 업무 중 배운 점과 어려웠던 점을 적는 회고 일지, 프로젝트마다 얻은 교훈을 기록하고 다음 과제에 적용하는 학습 로그, 팀원에게 월 1회 '이번 달에 내가 잘한 점과 개선할 점'을 듣는 피드백 요청 등의 루틴은 조직이 아닌 개인이 설계할 수 있는 성장 도구이며, 퍼스널 핏을 기반으로 한 지속 가능한 성장 방식이다.

학습 루틴을 만드는 것은 자신의 성장에 필수적이다. 하루 15분, 일주일에 한 번, 프로젝트 종료 후 주기적으로 성장 경험을 리뷰하고 기록하는 습관은 시간이 지날수록 커다란 차이를 만든다.

요점 정리 ● ● ●

- 나를 성장시키는 방식은 퍼스널 핏을 찾아 발전과 지속 가능성을 확보하는 것이다. 성장은 결국 나와 조직의 관계 속에서 일어나며, 결국 '핏'에서 완성된다.

- 조직이 무엇을 제공하는지만 볼 것이 아니라 조직의 자원을 어떻게 나만의 성장 방식으로 해석하고 자기화하는지가 중요하다. 이것이 퍼스널 핏을 실천하는 구체적인 방법이다.

5장

퍼스널 핏의 정수를 찾아서

퇴사도 성장의 일환이다

어느 순간부터 "이제는 정말 그만두고 싶다"는 말이 자주 나오고, 떠남을 연상하는 여러 감정이 겹쳐 나타난다. 조직을 떠나는 결정 또한 퍼스널 핏의 일부다. 퍼스널 핏은 끝까지 버텨야 한다는 의무 과제라기보다 어느 순간 떠나는 것도 포함하는 선택의 과정이다.

"언제, 왜, 어떻게 떠나야 오히려 성장이 될 수 있는가?"라는 현실적인 질문에서 출발하여, 조직 내 가치 충돌, 성장 한계, 에너지 소진과 건강 문제, 배움의 정체 등 이직을 고려해야 하는 신호들을 구체적이면서도 현실적으로 짚어볼 필요가 있다. 동시에 퇴사를 단절이 아닌 전환으로 바라보는 관점이 필요하며, 떠나는 방식의 품격, 건강한 이별, 다음 조직에서 발전하기 위한 일의 재정립, 이를 위한 방향 찾기 등을 통해 퍼스널 핏을 더 잘 구현해야 한다. 무엇보다 떠난다는 것이 실패가 아니라 나에게 맞는 곳을 찾는 새로운 시작점이고 도전이며, 나를 더 잘 살게 하는 설계가 되어야 한다.

사실 퇴사 이후 진짜 나를 찾고 새로이 시작하여 조직에서 성공한 경우가 많다. 마크 루코프스키Mark Lucovsky의 이직 사례를 살펴보자. 2014년 MS의 CEO로 사티아 나델라가 임명되었을 때 루코프스키는 클라우드 컴퓨팅과 관련된 핵심 엔지니어이자 윈도우 NT의 공동 개발자로 명망 높은 인물이었다. 하지만 나델라의 지휘 아래 조직이 점점 더 개방적이고 유연한 협업 문화를 지향하면서, 마크는 기술 지향적이며 어느 정도 고립되어 혼자 개발하는 자신의 업무 스타일과 나델라가 이끄는 문화가 잘 맞지 않는다는 것을 깨달았다. 결국 그는 퇴사를 결정했는데 "더는 나다운 방식으로 일할 수 없겠다"는 것이 퇴사 이유였다.

마크는 이전에 근무했던 구글로 이직하여 AR과 VR 개발을 총괄했고, 나중에는 VM웨어VMware와 메타, 독립 벤처기업의 기술 고문으로 활약했다. 그의 리더십은 기술적 탁월성을 바탕으로 빠르게 성과를 내는 조직과 더 잘 맞았다. 무엇보다 그는 퇴사 이후 진정으로 그만의 방식으로 일할 수 있는 환경을 찾아가는 데 성공했다.

루코프스키의 사례는 단순한 커리어 점프를 넘어, 청년세대에게 중요한 통찰을 던진다. 어떤 조직이 아무리 훌륭하더라도 그 조직의 문화와 나의 일 방식이 맞지 않는다면, 떠나는 용기가 오히려 성장의 출발점이 될 수 있다는 것이다. 지금은 부모님 세대가 지녔던 '한 직장에서 뼈를 묻는다'는 인식이 사라진 지 오래다. 그렇다고 입사 전 예상했던 근무 조건보다 낮거나 좀 힘들다고 해서 바로 이직을 결심하거나 통보도 없이 출근하지 않는 무책임한 청년세대가 되어서는 안 된다. 퇴사는 자기 발견의 끝이 아니라 시작이다. 나에게 맞는 리듬, 나에게 맞는 관계, 나에게 맞는 리더십을 찾아가는 여정의 한 걸음이다.

사례 18

💬 자포스의 퇴사 권유 문화

일반적으로 퇴사는 조직과 개인 사이의 실패, 혹은 마찰의 결과로 여겨진다. 그러나 미국의 온라인 신발 유통 기업 자포스Zappos는 퇴사를 전혀 다른 관점에서 바라본다. 자포스는 조직문화에 잘 맞지 않는 사람을 억지로 붙잡지 않는다. 오히려 자기 주도권을 스스로 다시 잡도록 권유한다. 자포스의 '페이 투 퀴트Pay to Quit' 제도가 대표적인 예다.

이 제도는 입사 후 일정 기간의 교육을 마친 신입 직원에게 "이 조직이 당신에게 맞는다고 느끼십니까?"라는 질문을 던지는 데서 시작된다. 만약 직원이 조직문화와 맞지 않거나 맡은 일에 확신이 없다면, 자포스는 일정 금액을 퇴직보상금으로 주며 퇴사 결정을 존중한다. 조직과 핏이 맞지 않는 사람을 억지로 남기기보다 스스로 길을 찾아 떠날 기회를 제공하는 것이다.

이 정책은 단지 인사관리 기법이 아니라, 핏 중심의 경영 철학에서 비롯된 것이다. 자포스는 개인의 업무 능력 못지 않게 조직과의 핏을 중시한다. 이 제도를 통해 회사는 '적합한 사람'만 남길 수 있고, 개인은 적합한 조직이 아닌 경우 부담 없이 떠날 수 있다. 자포스는 직원들의 퇴사 이유를 잘 이해하고 떠나는 직원에게도 감사의 마음을 전하는 등 퇴사 후에도 지속적인 관계를 유지하는 방식을 취한다. 실제로 이 제도 덕분에 조직에는 자발성과 몰입도가 높은 구성원들이 남게 되었고, 퇴사한 이들도 자신의 커리어 방향을 명확히 설정하는 계기가 되었다는 반응을 보인다. 이렇게 자포스는 직원들의 높은 충성도와 긍정적인 기업 이미지를 유지할 수 있었다.

마크 루코프스키와 자포스의 사례에서 보듯이 퇴사는 실패가 아니라 자신에게 맞지 않는 옷을 벗고 더 잘 맞는 옷을 찾아가는 과정이다. 이 철학은 단기적 효율이 아닌 장기적 관점에서 사람과 조직 모두가 지속 가능성을 추구하는 방식이다. 퇴사는 끝이 아니라 때로는 새로운 시작이며, 남는 것이 능사가 아니라 떠날 줄 아는 것도 용기이자 성장의 한 방식임을 말해준다.

조직에서 '나답게' 일하는 법

우리는 종종 조직에 맞추기 위해 스스로를 낮추거나 조직이 원하는 방향으로 자신을 다듬어야 한다고 생각한다. 그러나 진정한 퍼스널 핏은 조직에 나를 억지로 맞추는 것이 아니라 나의 방식과 신념이 조직에서 살아 숨 쉬고 확장될 수 있는 공간을 확보하는 일이다. 퍼스널 핏은 나의 개성과 조직의 시스템이 맞물리는 접점을 발견해가는 여정이다. 그 안에는 내가 중심이 되는 배움, 유연한 소통, 건강한 거리 두기, 때로는 선을 긋는 용기와 퇴사까지 포함된다.

조직에서 나답게 일한다는 것은 나를 고집하는 일이 아니라 나를 지키며 함께할 수 있는 방식을 찾아가는 것이다. 그것이 진짜 적응이며 지속 가능한 성장의 시작점이다. 누군가를 키워주는 곳으로 조직을 인식하기보다 나의 성장 루트를 스스로 만들어가는 공간으로 인식해야 한다. 주도적으로 일하고 배우는 태도, 성장을 위한 마인드셋은 퍼스널 핏의 핵심 동력이다.

우리는 업무 현장에서 일을 잘하는 사람을 만나길 원하지만, 조직에서 진짜 중요한 사람은 함께 일할 수 있는 사람이다. 아무리 개인의 역량이 뛰어나도 팀워크를 해치거나 불협화음을 만드는 동료와는 오래 함께할 수 없다. 반면 성과가 조금 부족하더라도 신뢰하고 기대할 수 있는 동료와는 더 오래, 더 깊게 일할 수 있다. 따라서 조직에서 나답게 일하고, 구성원과 신뢰에 기반한 관계를 형성하는 것이 퍼스널 핏의 정수다.

조직에 들어가는 순간 나는 개인이 아니라 팀원, 부서원, 회사 사람이 된다. 그러나 그 속에서도 '나'로 존재할 수 있어야 한다. 나의 비전과 조직의 미션이 어떻게 연결될 수 있는지, 나의 일에 의미를 부여하는 방식은 무엇인지에 대해 질문할 수 있어야 한다.

건강한 자기 확신과 열린 관계의 힘, 나의 언어로 일하는 법을 제시하면서 조직 속에서 나답게 일하고, 나를 지지하고 힘이 되어주는 동료 선배와 신뢰를 구축하고, 조직의 문화에 균형을 맞추며 조화롭게 성장하는 법을 찾아내야 한다. 그러기 위해서는 무엇보다 나의 정체성을 확인하고 나답게 일하기 위한 실천이 필요하다.

요점 정리 •••

- 조직을 떠나는 결정 또한 퍼스널 핏의 일부다. 퍼스널 핏은 끝까지 버텨야 한다는 의무이기보다 어느 순간 떠나는 것도 포함하는 선택의 과정이다. 즉, 퇴사는 실패가 아니라 자신에게 맞지 않는 옷을 벗고 더 잘 맞는 옷을 찾아가는 과정이다.

- 진정한 퍼스널 핏은 나를 조직에 억지로 맞추는 것이 아니라 나의 방식과 신념이 조직에서 살아 숨 쉬고 확장될 수 있는 역할과 공간을 찾는 일이다.

- 조직에서 진짜 중요한 사람은 함께 일할 수 있는 사람이다. 조직에서 나답게 일하고 구성원과 신뢰에 기반한 관계를 형성하는 것이 퍼스널 핏의 정수다.

- 조직에서 나답게 일한다는 것은 나를 고집하는 것이 아니라 함께 일하는 방식을 찾아가는 것이다. 여기에는 유연한 소통, 건강한 거리 두기, 때로는 선을 긋는 용기와 퇴사까지 포함된다.

자기 주도형 성장 단계 진단하기

"나는 조직에서 나답게 성장하고 있는가?"

각 문항의 설명이 현재 조직의 특징과 일치하는 정도를 점수로 표시해주세요.
(1점: 전혀 그렇지 않다, 2점: 그렇지 않다, 3점: 보통이다, 4점: 그렇다, 5점: 매우 그렇다)

PART 1. 자기 인식

1 나는 내가 어떤 일을 할 때 가장 잘 몰입하는지 명확히 알고 있다. `| 5`

2 나의 가치관(중요하게 생각하는 것)은 명확하다. `| 5`

3 나는 어떤 업무 환경에서 최고의 성과를 내는지 알고 있다. `| 5`

4 현재 직장에서 '나다움'을 유지하며 일한다. `| 5`

PART 1 소계 `| 20`

PART 2. 조직-개인 핏

1 현재 조직의 업무 리듬(빠르기)이 나의 선호 스타일이다. `| 5`

2 조직의 핵심 가치와 나의 가치관이 대체로 일치한다. `| 5`

3 현재 직장의 업무 처리 방식(수평적/수직적, 자율적/통제적)이 나와 맞는다.
`| 5`

4 현재 조직에서 나의 에너지 흐름과 워라밸 스타일을 유지하고 있다.
`| 5`

PART 2 소계 `| 20`

PART 3. 관계 핏

1 나는 동료들의 협업 스타일을 이해하고 그에 맞춰 소통한다. `| 5`

2 동료들과 건설적인 피드백을 주고받는 관계를 형성하고 있다. | 5

3 나는 상사의 리더십 스타일을 이해하고 상사와 효과적으로 소통한다.
 | 5

4 상사와 갈등이 생겼을 때 회피하지 않고 건설적으로 해결하려 노력한다.
 | 5

PART 3 소계 | 20

PART 4. 자기 주도적 성장

1 나는 스스로 학습 목표를 설정하고 실행한다. | 5

2 나는 조직 안팎의 학습 리소스(멘토링, 교육, 커뮤니티 등)를 적극적으로 활용
한다. | 5

3 현재 하는 자기 계발이 내가 원하는 방향의 성장과 연결되어 있다. | 5

4 현재 조직이 나의 성장을 지원하고 있다고 느낀다. | 5

PART 4 소계 | 20

PART 5. 관계와 이별의 성장

1 퇴사를 실패나 도망이 아니라 나의 새로운 성장의 단계로 본다. | 5

2 퇴사를 조직이나 남 탓으로 돌리지 않고 나의 성장 방향과 연결해 바라보
고자 한다. | 5

3 이직할 때 관계를 정리하고 그간의 배움을 기록한다. | 5

4 앞으로 어떤 조직에서 어떤 일을 하고 싶은지 구체적인 계획이 있다.
 | 5

PART 5 소계 | 20

총점 | 100

| 결과 해석 |

총점 90~100점 ▶ 자기 주도형 성장의 롤 모델

당신은 자신을 깊이 이해하고 있고 조직과 핏이 잘 맞으며, 주도적으로 성장하고 있습니다. 조직에서 '나답게' 일하며 지속하여 발전하는 이상적인 상태입니다. 따라서 현재의 성장 방식을 체계화하여 다른 동료들과 공유하고, 더 높은 차원의 과제를 설정하여 도전하세요.

총점 70~89점 ▶ 자기 주도형 성장자

전반적으로 자기 주도적 성장을 하고 있으나, 일부 영역에서 개선이 필요합니다. 특히 점수가 낮은 파트를 집중적으로 보완하면 더욱 성장할 수 있습니다. 점수가 낮은 파트의 구체적인 실행 계획을 세우고(예: 상사와의 1:1 미팅 요청, 학습 루틴 만들기 등), 3개월 후 재평가하여 개선 정도를 확인하세요.

총점 50~69점 ▶ 성장 전환기

자기 주도적 성장을 위한 기반이 있으나, 현재 조직과의 핏이나 성장 환경이 뒷받침되지 않아 어려움을 겪고 있습니다. 변화가 필요한 시점일 수 있습니다. 상사와의 소통 방식 변경, 새로운 프로젝트 요청 등 현재 조직 내에서 개선 가능한 요소를 찾아보고, 조직 내 성장 리소스(사내 교육, 멘토링 프로그램 등)를 재탐색해보세요.

총점 30~49점 ▶ 미스매치 상태

현재 조직과 자신 사이에 상당한 미스매치가 있거나, 자기 주도적 성장이 정체되어 있습니다. 따라서 근본적인 변화가 필요한 시점입니다. 나는 왜 이 조직에 있는지(경제적 이유, 성장 기회, 관성 등), 현재 상황에서 가장 큰 불만족 요인은 무엇인지를 점검한 후, 나의 강점과 가치관, 원하는 성장 방향 등을 재정립하고 3개월, 6개월, 1년 단위의 구체적인 커리어 플랜을 수립해보세요. 명확한 기준을 설정한 후 이직이 필요한지 신중히 판단할 필요가 있습니다.

총점 29점 이하 ▶ 긴급 개입 필요

현재 상황이 당신의 성장과 웰빙에 심각한 악영향을 미치고 있습니다. 즉각적인 변화가 필요합니다. 현재 업무가 나의 건강(신체적, 정신적)을 해치고 있지는 않은지, 번아웃 징후(지속적인 피로, 무기력, 냉소적 태도)는 없는지 돌아본 후, 전문가(커리어 코치, 심리 상담사) 상담이 필요한지도 고려해보세요. 이직 준비를 하고, 필요시 휴직이나 안식년을 고려하면서 새로운 시작을 위한 재정 계획을 수립해보는 것도 좋습니다. 무엇보다 나에게 맞지 않는 곳에서 버티는 것보다 나다운 성장을 할 수 있는 조직을 찾는 것이 더 중요하며, 퇴사도 성장의 일환임을 기억하세요.

| 마무리: 퍼스널 핏의 정수 |

- 조직이 나를 선택하는 것처럼, 나도 조직을 선택할 권리가 있다.
- 성장은 조직이 제공하는 것이 아니라, 내가 주도적으로 만들어가는 것이다.
- 퇴사는 포기가 아니라, 나에게 맞는 성장 환경을 찾아가는 전략적 선택이다.
- 최고의 퍼스널 핏은 '나답게 일하며 지속하여 성장하는 것'이다.

3개월마다 이 체크리스트를
다시 작성하여 자신의 성장 궤적을 추적하세요.

글을 마치며

나는 지속하여 이런저런 형태의 조직에서 일했고 지금도 조직에 속해있다. 조직 생활 중에서 대학을 졸업하자마자 중학교에서 학생들을 가르쳤을 때가 종종 기억난다. 초년생 교사의 변명일 수도 있지만, 당시 꽤 일방적이었던 학교의 지시사항을 그대로 학급에 전달하고 운영한 점이 후회가 많이 남는다. 지금도 그때를 생각하면 학생들에게 미안한 마음이 크다. 이후 유학 생활은 여유로운 학문 조직체에서 공부했던 점이 좋았다. 귀국 후에는 개방적이었던 미국의 대학문화와 기존의 우리 대학문화를 적절히 섞어 적응하면서 강의하고 연구했다. 잠시 근무했던 국가기관은 이전 기관들과는 달리 경직된 조직이 갖는 색다른 특징이 있었다.

내가 거쳐온 조직 생활을 뒤돌아보면서, 평생 몸담고 살아갈 조직에 대해 청년 때부터 이해하고 준비를 했더라면 좀 더 실수를 줄이고 만족스러운 발전을 할 수 있지 않았을까? 하는 생각이 들었다. 이런 생각이 이 책의 발판이 되었다. 다행히 나는 여러 조직에 속한 경험이 있고, 합법적으로 공개된 자료와 AI 기반의 검색 도구는 원고를 다듬고 최신 자료에 대한 정확성을 확인하는 데 큰 도움이 되었다.

청년세대 때의 경험은 참 귀하다. 생각지도 못한 조직에서 일할 수도 있고, 예상치 못한 일로 조직을 떠나기도 한다. 그러나 청년이기에 어려움에도 다시 일어설 수 있고 세상을 변화시킬 수도 있다.

이 책에 수록된 여러 사례에도 나와 있듯이, 세상을 바꾼 일들의 대부분은 청년 시기의 아이디어와 집념에서 탄생했다. 따라서 청년들이 자신과 조직 간 핏을 파악하고 가장 잘 맞는 문화를 가진 조직에서 동료와 상사와 핏을 이해하며 일한다면, 충분히 원하는 성과를 낼 수 있을 것이다.

나는 지금도 청년 시절의 꿈을 떠올리면 마음이 설렌다. 여전히 공부의 끈을 놓지 않고, 이루지 못한 일에 도전한다. 이 책이 청년들에게 핏을 이해하고, 자신과 조직을 정기적으로 점검하며, 지속적인 공부 계획을 세우는 데 도움이 되기를 바란다. 또한 조직의 관리자와 경영자에게는 청년세대를 이해하는 데 작은 길잡이가 되기를 바란다. 청년세대를 위한 조직문화와 교육을 적극적으로 지원해 함께 발전하는 조직을 만들어가는 데 보탬이 되기를 기대한다.

이 책이 출간되기까지 도움을 주신 분들이 많다. 비아북 한상준 대표님, 손지원 팀장님, 그리고 기꺼이 추천사를 써주신 조동성 이사장님, 장혜선 이사장님, 김기웅 前 대표님께 깊이 감사드린다. 무엇보다 이 책의 시작부터 조언해주시고 완성에 큰 도움을 주신 길벗 한필훈 이사님께 큰 감사를 드린다. 또한 체크리스트 개발에 함께 지혜를 모은 이향연 박사에게도 고마움을 전한다. 끝으로 이 책의 독자께서 솔직한 피드백과 조언을 해주면 좋겠다. 이를 바탕으로 계속하여 유익한 글쓰기의 여정을 이어나가고자 한다.

1 Kristof, A. L. (1996). Person-organization fit: An integrative review of its conceptualizations, measurement, and implications. *Personnel Psychology*, 49(1), 1-49.

2 Verquer, M. L., Beehr, T. A., & Wagner, S. H. (2003). A meta-analysis of relations between person-organization fit and work attitudes. *Journal of Vocational Behavior*, 63(3), 473-489.

3 Mintzberg, H. (1980). Structure in 5's: A Synthesis of the Research on Organization Design. *Management Science*, 26(3), 322-341.

4 Asch, D. et al.,(eds). (1989). *Reading in strategic management*. pp.322-324.

5 Mintzberg, H. (2023). *Understanding Organizations... Finally! Structuring in sevens*. Berrett -Koehler Publishers Inc.

6 Katz, D. & Kahn, R. (2015). The Social Psychology of Organization. *In Organization Behavior 2*(pp. 152-168). Routledge.

7 Burns, T. & Stalker, G.M. (1961). *The Management of Innovation*. London: Tavistock

8 「파운드리 도려내는 인텔… 애플·오픈AI 줄서는 TSMC」, 『조선일보』, 2024.09.19.

9 Daft, R. L. (2021). *Organization: Theory & Design*. Cengage.

10 HOTAMIŞLI, M., İBİCİOĞLU, H., & KARAYEL, M. (2009). Larry Greiner growth model in the organization life and a case study. *In International Symposium on Sustainable Development*, June (pp. 9-10).

11 Ashkenas, R. (2015). Jack Welch's Approach to Breaking Down Silos Still Works. *Harvard Business Review*, September 9.

12 Garvin, D. A. (2013). How Google Sold Its Engineers on Management. *Harvard Business Review*, December.

13 「금호타이어, 빅데이터·AI 활용 타이어 디지털트윈 시스템 가동」, 『연합뉴스』, 2024.10.15.

14 임재영 외. (2019). 공공 봉사 동기와 조직문화의 적합성이 조직몰입에 미치는 영향, 『한국조직학회보』 16(2), 1-34.

15 주효진. (2004). 조직 구조, 조직문화 및 조직 효과성의 관계에 관한 연구: 업무 특성별 기관 분류를 중심으로, 『행정논총』 42(2), 29-53.

16 「Who Is? 김병훈 에이피알 대표이사」, 『비즈니스포스트』, 2025.06.16.

17 「전우성 뷰와이드 인터랙티브 대표」, 『톱클래스』, 2012년 12월호.

18 *Organizational Culture and Leadership*, San Francisco: Jossey-Bass Publishers, 1988

19 「한국 스타벅스 매장 2천9개, 일본 처음 추월해 세계 3위」, 『연합뉴스』, 2025.01.30.

20 「굿즈 행사에 몸살… 스타벅스 직원들, 내일부터 트럭시위 예고」, 『한국면세뉴스』, 2021.10.05.

21 「이중근 노인회장 "노인연령 65→75세 단계적 상향 건의할 것"」, 『중앙일보』, 2024.10.21.

22 「이중근 부영그룹 회장 "유엔데이, 공휴일로 재지정해야"」, 『조선일보』, 2025.10.30.

23 Pichler, S., Kohli, C., & Granitz, N. (2021). DITTO for Gen Z: A framework for leveraging the uniqueness of the new generation. *Business Horizons*, 64(5), 599-610.

24 Detert, J., Schroeder, R., & Mauriel, J. (2000). A Framework for Linking Culture and Improvement Initiatives in Organizations. *Academy of Management Review*, 25(4). 850-863.

25 Denison, D.,& Mishra, A. (1995). Toward a Theory of Organizational Culture and Effectiveness. *Organization Science*, 6(2). 204-223.

26 박원우 외. (2010). 개인-환경 적합성의 개념분류, 측정 및 분석에 관한 연구, 『경영논집』 44. 313-348.

27 Ashkanasy, N. M., & Daus, C. S. (2005). Rumors of the death of emotional intelligence in organizational behavior are vastly exaggerated. *Journal of Organizational Behavior*, 26(4), 441-452. https://doi.org/10.1002/job.320

28 Salanova, M., Bakker, A. B., & Llorens, S. (2006). Flow at work: Evidence for an upward spiral of personal and organizational resources. *Journal of Happiness Studies*, 7, 1-22. https://doi.org/10.1007/s10902-005-8854-8

29 Podolny, J.M. & Hansen, M. T. (2020). How Apple Is Organized for Innovation, *Harvard Business Review*(November-December).

30 Lewin, K., Lippitt, R., & White, R. K. (1939). Patterns of aggressive behavior in experimentally created social climates. *Journal of Social Psychology*, 10, 271-301.

31 Hersey, P., & Blanchard, K. H. (1969). *Management of organizational behavior: Utilizing human resources*. Prentice Hall.

32 Goleman, D. (2000). Leadership That Gets Results. *Harvard Business Review*(March-April).

도서

김기진 외 7인, 『팀장 레볼루션』, 에릭스토리, 2024.

대니얼 골먼·리처드 보이애치스·애니 맥키, 『감성의 리더십』, 장석훈 옮김, 청림출판, 2023.

대니얼 코일, 『최고의 팀은 무엇이 다른가』, 박지훈·박선령 옮김, 웅진지식하우스, 2022.

마이크 로빈스, 『위대한 팀의 탄생』, 이지연 옮김, 더퀘스트, 2023.

맨프레드 F.R. 케츠 드 브리스, 『리더는 어떻게 성장하는가』, 김현정·문규선 옮김, 더블북, 2022.

조동성·문휘창, 『AI시대의 경영전략』, 서울경제경영, 2022.

줄리 주오, 『팀장의 탄생』, 김고명 옮김, 더퀘스트, 2020.

Lee, B. (2021). *An Attitude of Success: Four Dimensional Management*. NEPES.

Montgomery, C.A. (2012). *The Strategist: Be The Leader Your Business Needs*. Collins.

O'Reilly III, C.A. & Tushman, M.L. (2016). *Lead and Disrupt*. Stanford Business Books.

논문

강유림, 김문영. (2022). MZ세대의 라이프스타일 특성에 대한 탐색적 연구: 2010년-2020년의 논문을 중심으로, 『한국의류산업학회지』, 24(1), 81-94.

김명용 외. (2024). 호텔기업의 조직문화와 세대 갈등, 조직몰입 간의 관계에 대한 연구: M세대, Z세대 차이를 중심으로, 『문화기술의 융합』, 10(3), 643-650.

이경화. (2024). MZ세대의 의사소통에 관한 연구, 『미래기술융합논문지』, 3(1), 59-64.

조윤형, 최우재. (2017). 개인-환경 적합성이 창의적 문제해결에 미치는 영향: 조직기반 자긍심의 매개효과를 중심으로, 『한국기업경영학회』, 24(4), 173-196.

천보영 외. (2012). 조직과 개인특성이 직무적합성을 통해 경력몰입과 경력만족에 미치는 영향, 『HRD연구』, 14(2), 47-78.

Martinez, P.G., et al. (2022). Person-Organization Fit & Employee Hiring Practices in Sustainable Organizations. *Journal of Management for Global Sustainability*. 10(1), 67-86.

Morley, M.J. (2007). Person-Organization Fit. *Journal of Managerial Psychology*. 22(2), 109-117.

O'Reilly III, C.A., et al. (1991). People and Organizational Culture: A Profile Composition Approach to Assessing Person-organization Fit. *Academy of Management Journal*. 34(3), 487-516.

Tholen, G. (2024). Matching Candidates to Culture: How Assessment of Organisational Fit Shape the Hiring Process. *Work, Employment and Soceity*. 38(30, 705-722.

Warrick, D.D. (2017). What leaders need to know about organizational culture. *Business Horizons*. 60, 395-404.

3FIT

최경희 지음

초판 1쇄 발행일 2025년 12월 29일

발행인 | 한상준
편집 | 김민정, 손지원, 김영범
디자인 | 양시호, 문지현
마케팅 | 이상민, 주영상
관리 | 양은진

발행처 | 비아북(ViaBook Publisher)
출판등록 | 제313-2007-218호(2007년 11월 2일)
주소 | 서울시 마포구 토정로 222 한국출판콘텐츠센터 211호
전화 | 02-334-6123   전자우편 | crm@viabook.kr
홈페이지 | viabook.kr

ⓒ 최경희, 2025
ISBN 979-11-94348-45-0 03320